KB235019

부부골프 통통통 

부부골프 通通通

초판 1쇄 발행 2015년 12월 18일
초판 2쇄 발행 2016년 1월 20일

지은이 박성훈 황용오

펴낸이 정재학
펴낸곳 퍼블리터

등록 2006년 5월 8일(제2014-000181호)
주소 경기도 고양시 일산서구 일현로 123(탄현동 139-32) 휴엔코아빌딩 402호 (우)411-840
대표전화 (031)967-3267
팩스 (031)990-6707
이메일 publiter@naver.com
홈페이지 www.publiter.co.kr
페이스북 www.facebook.com/publiter1

기획 및 편집 정재학
디자인 디자인스튜디오 203
일러스트 정윤석
마케팅 신상준
인쇄 및 제본 천광인쇄

ISBN 979-11-955130-1-7

가격 13,000원

부부골프 통통통

퍼블리터

부부가 오랫동안 행복하게 살려면

이런 취미 하나 있다면 좋겠습니다. 이런 취미 하나 있다면 좋겠습니다. 혼자서 하기보다는 부부가 함께 즐길 수 있고, 자주 보고 싶고 만나고 싶은 가족들도 함께 즐길 수 있는 취미 말입니다. 두 내외만이 하기보다는 좋은 부부들을 많이 만나고 그들과 함께 즐거움을 나눌 수 있다면 더 좋겠죠.

부부 간 수준차로 다툼과 원망이 늘어나기보다는 상대의 수준을 배려함으로써 기쁨과 즐거움이 늘어나는 취미였으면 합니다. 결과가 좋지 않을 때는 나에게 먼저 책임을 미룰 수 있는 취미라면 좋겠습니다.

부부가 마주보면서 서로 다투기보다는 한 방향을 향해 나란히 가면서 인생을 얘기할 수 있었으면 합니다. 부부가 말없이 함께 있기보다는 공통의 관심 있는 대화를 끊임없이 나눌 수 있으면 더 행복할 것 같습니다.

가만히 앉아서 지내는 것보다는 적당히 집중도 하고 걸으면서 몸을 움직일 수 있어야 하겠죠. 그렇다고 과격하고 무리한 운동보다는 안전하고 그다지 힘들지 않게 할 수 있는 취미여야 할 겁니다. 무작정 바쁘고 분주하기보다는 여유로우면서 한가하게 즐길 수 있는 취미였으면 합니다. 부부가 잠시 동안만 함께 있기보다는 오랜 시간 같이 지낼 수 있는 취미면 좋겠죠.

복잡한 도시보다 자연과 벗하는 시간이 많고 탁한 공기와 매연에 시달리기보다는 맑은 공기를 많이 마실 수 있었으면 좋겠습니다. 햇살 가득한 야외에서 양탄자 같은 푹신한 대지를 밟으며 즐길 수 있다면 금상첨화이겠죠. 자연이 숨 쉬고 생동하는 것을 눈으로 직접 목격할 수 있는 취미. 과연 이런 취미가 있을까요?

지금부터 여러분과 함께 이 취미를 한 번 찾아나서 보려고 합니다.

2015년 12월 **박성훈**

부부 골프의 즐거움이 배가 되기를

내가 박형을 만난 것은 행운이다. 10여 년 전 박형으로부터 자신의 저서라면서 《6시그마 6핸디》라는 책을 선물 받았다. 6시그마와 골프가 무슨 연관이 있을까 의아해하면서 가벼운 마음으로 책을 펼쳐 보았는데 그 내용의 매력에 빠져 단숨에 읽어 버렸다.

당시 나는 골프를 시작한지 10년이 넘었지만 여전히 '백돌이' 수준을 맴돌고 있었고, 좀처럼 늘지 않는 골프에 흥미도 잃어가고 있었다. 그런데 그 책을 읽으면서 나의 골프 실력이 왜 백돌이를 맴도는지 이유를 깨닫게 되었다. 나는 무엇이 문제인지 심각하게 고민하지 않고 있었던 것이다.

과거의 기록을 통해 무엇이 문제인지 정확하게 인지하고, 그 문제 중 우선순위를 정해 하나씩 극복해 나가다 보면 어느덧 목표를 달성하게 된다는 평범한 사실을 간과하고 늘지 않는 실력만 탓하고 있었던 것이다. 그 이후로 책 속의 주인공처럼 나만의 스코어카드를 정확하게 기록하고 가장 문제되는 부분부터 집중적으로 훈련에 몰입하면서 순식간에 백돌이를 넘어서게 되었고 가끔 '그분'이 오시는 날이면 싱글 스코어도 기록하게 되었다. 골프가 즐거운 운동으로 변하게 된 것은 당연한 결과다. 금년 여름 쯤 박형이 부부 골프라는 주제를 가지고 책을 쓰는데 요즈음 스크린 골프도 많이 즐기는 추세라 이 부분을 내가 보완해 주었으면 좋겠다는 의견을 제시하였다. 처음에는 책을 쓴다는 것이 부담되어서 망설였다. 그러나 직장 동료는 물론 집사람과도 자주 즐기는 스크린 골프여서 약간의 기계적 시스템에 대한 이해를 가지고 게임을 즐기면 더욱 좋겠다는 생각에 용기를 내어 몇 권의 스크린 골프 책을 구입하여 읽고, 구글에서 검색하면서 보완하여 '부부가 함께 스크린 골프를 즐기기 위한 Tips'을 요약해 보았다.

시스템을 이해하면 보다 쉽게 게임에 임할 수 있고 스트레스를 덜 받으면서 더 나은 스코어를 얻는 즐거움을 누릴 수 있으니 약간의 시간을 투자하는 것이 결코 아깝지 않다고 생각한다. 이 책을 통해 부부 골프의 즐거움이 배가 되기를 기원해 본다.

2015년 12월 황용오

CONTENTS

"인간이 발명한 놀이 중에 골프만큼 건강과 보양,
상쾌함과 흥분, 즐거움을 주는 것도 없다."

– 아더 발포어 –

1st Hole

부부 골프 예찬

공평한 모자, '핸디캡'

‘

형편에 맞는 술값 모으기에서 유래

최근 우리나라에서 몰라보게 달라진 여러 변화 중 하나는 장애자(handicapped person)들을 위한 각종 편의시설이나 보조설비들이 많이 늘어나고 있다는 점이다. 지하철이나 시내버스, 공공 화장실, 도서관 심지어는 대형 백화점 같은 비즈니스 공간까지 다양한 장소와 시설들에서 장애인을 위한 각종 편의 시설들이 마련되고 있어 장애인들이 정상인들과 똑같은 수준으로 일상생활을 할 수 있을 정도로 사회적 수준이 높아진 것이 사실이다.

이러한 변화를 통해 우리나라가 선진 민주 사회로 빠르게 진입하고 있음을 알 수 있다. 선진 민주 사회란 구성원들 모두가 개인의 능력이나 신체적 결함에 상관없이 누구에게나 공평한 기회가 주어지고 동등한 조건 하에 더불어 생활할 수 있는 그런 합리적인 사회를 말한다.

원래 핸디캡이란 어원은 'hand in cap'으로 옛날 영국 스코틀랜드 지방의 술집 문화에서 비롯된 것이라는 설이 있는데 사나이들이 함께 어울려 즐겁게 술을 나눠 마신 뒤 술값을 지불하기 위해 각자 호주머니에서 형편에 맞춰 꺼낸 돈을 모자에 담았다는 데서 비롯됐다는 것이다.

요즈음 젊은이들 사이에서 유행하는 자기 몫만큼씩 자기가 내는 더치페이(dutch pay) 방식과 달리 자기 능력에 맞게, 그러면서도 아무도 모르게 서로가 기분 좋게 비용을 처리하는 방식이다. 이런 역사적 배경을 가진 핸디캡이라는 용어가 사전에서는 '조건을 붙이다'로 설명되어 있다.

이 개념이 골프에 적용되면서 실력이 뒤진 사람에게는 유리한 조건을 붙이고 실력이 앞선 사람에게는 불리한 조건을 붙여 개인의 능력과 신체 조건이 다르더라도 동등한 조건에서 플레이를 즐길 수 있도록 했다. 매우 합리적이고 민주적인 룰인 것이다.

구력에 상관없이 즐기는 부부 운동

다른 스포츠에선 남녀노소 간 신체적 조건이나 운동에 입문한 경력이나 타고난 운동신경의 발달 여부에 따라 게임의 승패가 예견되거나 아예 게임 자체를 할 수 없을 정도로 수준 차이가 난다.

따라서 신체적 조건이 서로 다른 부부가 함께 즐기기엔 한계가 있다. 한동안 중년 부부들 사이에서 붐을 일으켰던 테니스나 배드민턴의 경우 부부

Good Shot!!

간의 신체 조건이나 운동신경 발달 여부에 따라 실력 차가 심한 편이다. 그 때문에 한쪽 편이 겪는 불편과 부담이 너무 커서 운동 중에 부부 간의 다툼이 항상 끊이질 않아 부부 금슬을 깨뜨리는 안타까운 경우를 자주 목격하게 된다.

그러나 골프는 처음부터 상대방의 약점과 수준을 인정하고 이를 고려한 기준에 맞춰 공평한 수준에서 경기를 함으로써 실력이 우수한 사람과 그렇지 못한 사람들이 얼마든지 함께 어울려 경기를 즐길 수 있을 뿐만 아니라 실력이 고수라고 해서 반드시 승리한다고 장담할 수 없다. 최종 승부를 함부로 예측할 수 없이 게임이 끝날 때까지 긴장감을 갖고 부부가 함께 즐길 수 있는 운동이라 할 수 있다.

이러한 핸디캡 개념이 골프에 구체적으로 적용된 내용을 살펴보자. 먼저 정규 타수를 기준으로 추가 타수를 접어준다거나 잘 치는 사람과 못 치는 사람 간에 클럽 개수를 달리한다거나 전체 거리를 달리해서 핸디캡 룰로 운용해 왔다. 티잉 그라운드에서 레이디 티, 레귤러 티 그리고 챔피언 티 등으로 분리해서 운용하고 있는 데 이것은 바로 과거 매치 플레이를 즐기던 시절에 공평한 게임을 유지할 수 있게끔 적용된 핸디캡 개념이 오늘날까지 그대로 이어지고 있는 것이다.

골프는 남녀노소 간 운동 소질이나 구력 차에 관계없이 부부가 함께 즐길 수 있는 유일한 운동이다. 다만, 골프를 핸디캡만큼만 친다면서 핸디캡을 다 써버린 홀에서 경기를 끝내고 혼자서 바로 클럽하우스로 돌아가지만 않는다면야….

한 방향을 바라보며 산다는 것

‘

변하지 않는 주례사

과거와 달리 요즘에는 특별한 결혼 시즌 없이 1년 내내 결혼식이 진행되고 있다. 이런 변화는 우선 결혼 대상자가 많아 예식장 잡기가 힘들고 향후 기념하기 좋은 날짜를 택하려고 하는 추세에다 신혼여행 기간을 연휴와 연결해서 장기 휴가로 즐기려는 요즘 신혼부부들의 생각이 더해져 나타나는 현상이다. 게다가 신혼여행 장소와 항공권 구매 등 다양한 사정까지 고려해야 한다.

신랑 예복이 턱시도 복장으로 과감하게 변했고 신부 드레스 스타일도 파격적이라고 할 만큼 큰 변화가 있었으며 예식장 공간도 많이 달라졌다. 야외나 공원, 심지어는 대형 수족관이나 자신들이 자주 찾았던 산 정상에서 결혼식을 올리는 커플들이 있을 정도다.

이런 변화에도 불구하고 결혼식장에서 지금도 변함없이 이어지고 있는 것이 하나 있다면 바로 주례사다. 모든 주례사에 공통적으로 언급되는 두 가지 내용이 있는 데 "죽는 날까지 검은 머리 파뿌리가 되도록 서로 사랑하며 살라"는 것과 "결혼이란 부부가 서로 마주보고 사는 것이 아니라 함께 앞을 바라보고 살아가는 것"이라는 얘기다.

결혼과 관련한 의식은 물론, 형식과 절차들이 거의 모두 바뀐 상황에서도 주례사만 30~40년 전 그대로라고 하는 것은 두 가지 내용만큼은 결혼생활에 있어서 영원히 변할 수 없는 진리이기 때문이리라.

세상에는 많은 운동들이 있다. 축구, 배구, 농구, 탁구, 테니스, 배트민턴, 달리기, 수영, 등산 등 단체 또는 개인 운동이 있다. 이 중에서 부부가 함께 즐길 수 있는 운동을 꼽으라면 테니스, 배드민턴, 탁구, 등산, 수영 등 일 것이다.

앞에서 언급된 이런 운동들의 경기 형태를 보면 하나같이 서로가 마주보며 경기를 하게 되어 있다. 서로 마주보면서 하는 모든 운동의 특징은 경기에서 내가 승리하기 위해서는 상대방의 약점이나 허점을 파악해서 그 곳을 집중적으로 공격해야만 한다.

이에 반해 골프는 티잉 그라운드부터 그린에 다다르기까지 오직 핀이 꽂혀 있는 한 곳을 향해 부부가 함께 가면서 경기하는 운동인 것이다.

18개 홀로 구성된 한 라운드를 평균 4시간 반에서 5시간 정도에 걸쳐 부부가 함께 최소한 7km 이상을 한 곳을 향해 함께 가는 것이다.

등산하면서 가장 자주 듣는 말, "빨리 좀 와"

이런 얘기를 하면 등산을 즐기는 부부들께서 어디 골프만 함께 하는 운동인 양 떠드느냐고 핀잔하실 것이다. 등산은 부부가 나란히 함께 할 수 있는 좋은 운동이지만 우리나라 산행 길 형편상 부부가 나란히 맘 편히 갈 수 있는 곳이 그다지 많지 않을 뿐만 아니라 산행 중에 맞은 편에서 마주치게 되는 사람들이 많아 결코 편치 않는 것이 현실이다.

등산을 자주 다닌다는 부부들의 등산 중에 제일 많이 나누는 대화(?)가 남편의 "빨리 좀 와"라고 한다. 상대적으로 체력이 좋은 남편이 체력이 달리는 부인을 향해 채근하는 말이라고 한다.

잘 관리된 잔디를 밟으면서 부부가 한 방향을 향해 나란히 카트를 이용하거나 능력이 되면 걸으면서 즐길 수 있는 운동은 골프 밖에 없지 않을까?

라운딩이 없는 날에도 부부가 집에서 소파에 나란히 앉아 TV가 있는 한 방향을 바라보며 TV로 중계되는 각종 골프 대회를 함께 관전하면서 서로 응원하고 즐길 수 있는 것도 부부 골프만의 매력이 아닐까?

무한정 샘솟는 대화의 원천

‘

군대에서 축구한 이야기보다 더한 골프 이야기

중년 이상의 한국 여자들이 남자들과 함께 어울렸을 때 제일 듣기 싫은 얘기가 군대 얘기고 그 다음이 축구 얘기라고 한다. 그 중의 하이라이트는 단연 군대에서 축구한 얘기다.

왜 이런 얘기가 나왔을까? 군대와 축구는 남자들만 하는 일이라 여자들로서는 결코 경험할 수 없고 용어 또한 쉽게 알아들을 수 없는 다른 세계에서 벌어지는 일이기 때문이다.

그러나 남자들의 입장에서 보면 한창 젊은 시절에 새로운 세계에서 겪은 희로애락이 무궁무진한 얘깃거리로 남아있다. 서로 공감할 대상을 만나기만 하면 안주삼아 끝도 없이 풀어 갈 수 있는 대화의 소재로 이보다 더 좋은 건 없다.

그런데 여기에 재미없는 이야기를 하나 더 들라 하면 골프 얘기라고 할 것이다. 골프를 하지 않는 사람들에게 있어 골프 얘기는 군대에서 축구한 이야기만큼이나 짜증나게 한다.

우선 용어가 매우 이질적인데다 영어로 되어 있어 보통 사람들이 이해하기가 매우 어렵다. 채소의 한 종류인 '파'를 그냥 뽑으면 될 것을 움켜잡으려다 '양파'가 되어버렸다 하고 수리공들이나 가지고 다니는 '드라이버'를 잡고 볼을 치다 잘못 쳐서 그 단단한 볼을 마치 부드러운 치즈처럼 '슬라이스' 내버렸다 하질 않나? 필드에 식사하러 간 것도 아닌데 갑자기 '스푼'을 빼 들었다 하질 않나?

버디, 이글, 알바트로스 등 동물도감에나 나옴직 한 보지도 못한 새 종류를 잡았다고 좋아하고, 갑자기 권투 경기로 돌변하여 '훅'을 한방 내자마자 모 주류회사에서 판촉용 선물로 줬는지 '맥주(OB)'를 한턱낸다고 하지 않나? 보기, 더블 보기 등등 일상에서는 거의 들어보지 못한 알쏭달쏭한 용어들을 사용하는 대화인지라 골프를 모르는 사람들이 듣고 있기엔 심기가 매우 불편한 대화가 이어진다.

그런데 만일 골프를 좋아하는 두 사람이 만났다고 가정해보자. 생면부지의 두 사람이 만나는 첫 순간부터 마치 10년 지기나 된 것처럼 서로 상대방의 말이 땅에 떨어지기 무섭게 이어받아 쉴 새 없이 대화를 풀어 가게 만드는 것이 바로 골프다. 골프에 입문한 지 3개월만 지나면 군대생활 3년 한 것보다 더 많은 얘깃거리가 만들어진다고 할 정도로 골프는 무궁무진한 대화

거리를 만들어 내는 운동이다.

한국 남자들만큼 말주변도 없고 말하기를 싫어하는 남성들도 그다지 흔치 않다고 한다. 유교적 문화에서 성장한 성인 남성들의 경우 "남자는 입이 무거워야 한다"거나 "남자가 재잘거리면 집안에 복이 나간다"는 말을 어릴 때부터 많이 듣고 자랐을 것이다. 침묵을 미덕으로 생각하며 살아온 남편이 저녁 늦게 귀가해서 하는 말이 "밥은(묵었나)?", "아~는?", "자자" 세 마디라고 하는 우스갯소리도 바로 이런 분위기 속에서 나왔다.

이러던 사람들도 골프에 관한 주제가 나오기 시작하면 돌변, 스스로 대화를 주도하면서 열정적으로 이야기를 한다. 그런 모습을 보면 무뚝뚝한 대한민국 남편들의 성향을 단순히 유교 탓으로 돌리기 어려워 보인다.

대화 결핍증의 특효약

오프라 윈프리쇼에 17차례나 출연했을 정도로 유명한 하빌 핸드릭스 박사는 지난 30년간 부부 관계를 연구해서 부부 갈등 해소법을 개발했다. 핸드릭스 박사는 부부 간 문제를 일으키는 주범으로 부부들의 대화 결핍증을 지목하고 있다. 화성인과 금성인으로 비유될 정도로 남성과 여성 간의 의사소통이 어려운데 이렇게 만나 부부가 된 사람들이 대화가 없으니 사소한 갈등마저도 해소하지 못한 채 갈등이 쌓여 사소한 부부싸움도 이혼으로 이어진다는 것이다.

다행히 골프는 끊임없이 솟아나는 샘물처럼 화젯거리를 만들어 내는 특성을 가진 운동이라 부부가 함께 골프를 하면 부부 간 공동의 대화 거리를 찾는데 전혀 걱정을 하지 않아도 된다.

부부가 골프장에 가면 최소 일주일은 즐겁다고 한다. 라운딩 전날 3일 동안은 준비와 설렘으로, 당일에는 플레이하는 즐거움으로, 그리고 다음 3일간은 라운딩 후의 추억과 후일담을 나누는 시간으로 이어지기 때문이란다.

이 얼마나 기특한 운동이란 말인가?

삶의 동반자이자 라운딩의 동반자

비즈니스 골프 가고 가족 골프 온다

한국인의 부부 관계가 시간이 갈수록 크게 변하고 있다고 한다. 과거에는 주위의 시선을 지나치게 의식해서 남 보기에 그럴듯한 부와 명예, 사회적 지위 그리고 교양을 갖춘 부부의 모습을 중요시했지만, 최근에는 진정한 의미의 인생 동반자, 영원한 친구, 연인으로서의 실질적인 부부관계를 중시하고 있다는 것이다.

지난 30년 동안 한국인의 평균수명은 20년 이상 늘어난 반면 자녀의 수는 3분의 1로 크게 줄었다. 30세에 결혼해서 80세에 사망한다고 가정하면 최소한 50년은 배우자와 함께 살아야 한다. 자녀 양육기에는 부부가 다소 소원한 관계를 가진다고 해도 자녀들이 함께 있으니 그럭저럭 견딜 수 있지만 자녀를 품에서 떠나보낸 후 나머지 약 30년이라는 긴 시간을 무엇을 하며 어떻게 보낼 것인지?

공통된 취미나 대화 거리가 없다면 함께 보내야 하는 긴 시간들이 즐거움과 축복이 아니라 오히려 괴로움과 고통, 심지어는 재앙이 되고 말 것이다.

부부가 함께 어울려 지낼 수 있는 취미가 있어야 하는 이유다. 장수 시대에 삶의 동반자로서 오랜 시간을 지내기 위해서 부부는 라운딩의 동반자가 돼야 한다는 것이다.

골프가 단순한 비즈니스 수단이던 시대는 지났다. 이제는 취미와 건강을 위해 그리고 가족 간의 화합을 도모하거나 친구나 동료 간 친목도모를 위해 골프를 배우고 즐기는 시대로 바뀌었다.

그만큼 골프 라이프가 다양해졌다는 말이다. 골프 인구가 늘면서 계층과 연령층도 훨씬 다양해졌다. 골프를 즐기는 연령층이 낮아져 종전에는 주로 40대 초반이 되어야 비로소 골프를 배우고 즐기기 시작했지만 최근에는 스크린 골프의 대중화와 급속한 확산으로 30대 초반부터 골프를 즐기기 시작하고 있으며 심지어는 20대 중반부터 골프를 배우는 사람들도 부쩍 늘었다.

주 5일제가 정착되어 여가 시간이 늘어나고 소득수준이 향상됨에 따라 가족과 함께 골프장을 찾는 인구도 점점 증가하고 있다. 부부끼리는 물론, 시부모와 며느리, 장인·장모와 사위가 나란히 라운드를 즐기는 모습을 보는 것이 더 이상 낯설지 않다.

핸디캡과 골프 재미의 상관 관계

수많은 골프 전문가들이 핸디캡과 골프 재미와의 상관관계를 찾아보려고 노력해 보았으나 실패했다. 그렇게 해서 내린 결론이 "핸디캡은 골프의 즐거움을 재는 척도가 결코 될 수 없다"는 것이었다고 한다.

아무리 핸디캡이 낮은 골퍼라 하더라도 골프의 즐거움을 제대로 누리지 못한다면 진정한 골퍼가 아니다. 대자연 속에서 동반자들과 담소를 나누고 주위의 아름다운 풍경을 감상하면서 라운딩을 즐기는 것 자체를 신이 내린 은총이라 여기는 골퍼야말로 진정한 골퍼라는 것이다.

푸른 자연 속에서 삶을 같이 살아가는 부부가 모처럼의 여가 시간을 같이 걷고 같이 공을 치면서 즐기는 모습은 보는 사람들로 하여금 골프의 진정한 매력을 느끼게 한다고 한다. 그런 보기 좋은 모습의 부부 골퍼들이야말로 우리가 골프 코스에서 자주 만나고 싶은 장면이다.

몇 년 전인 걸로 기억된다. 전반 라운딩을 마치고 후반 나인을 준비하던 중 한 골퍼가 갑자기 힘들어서 더 이상 라운딩을 하지 못하겠다고 했다. 동반자들은 라운딩을 끝내고 만나자고 하면서 라커에 먼저 가서 쉬고 있으라고 했다. 하지만 함께 있던 아내가 무슨 소리냐고 하면서 119를 급히 부르라고 하고 골프장에도 응급조치를 부탁했다. 평소 남편의 건강 상태를 잘 아는데다 심상치 않다는 생각이 들었기 때문이었다. 의사의 말에 따르면 남편의 상태가 매우 위급했다고 한다. 결과적으로 현장에서 아내의 적절하고 신속한 대응 덕분에 죽을 뻔한 남편을 살릴 수 있었다. '삶의 동반자=라운딩 동반자'라는 등식을 증명한 멋진 사례다.

부부 골퍼의 '러브레터'

‘

아내 감동을 넘어, 아내 졸도까지

부부 금슬 쌓기에 좋다는 마지막 묘약은 바로 '일주일에 한 번 이상 사랑의 편지를 쓰자'는 것이다. '사랑하는 당신에게'로 시작해서 '당신을 사랑하는 ○○○로부터'로 끝나는 사랑의 편지를 매주 한 통씩 써서 아내에게 전해 보자.

사랑에 눈이 먼 새파란 청춘도 아니고 글 솜씨 또한 젬병인 대한민국의 남편들이 일주일에 한 번씩 연애나 사랑 타령 편지를 쓴다는 것은 부부 골프가 아무리 세상 최고의 부부 행복 솔루션이라고 해도 결코 쉽지 않을 것처럼 보인다.

하지만 '사랑의 편지'라는 것은 배우자에게 사랑하는 마음을 눈으로 확인할 수 있게 뚜렷한 물증으로 보여줘야 한다는 의미이지 반드시 종이에다 적은 글의 형식을 빌려야 한다는 것은 아니다. 그렇다면 이 또한 부부 골프에서도 얼마든지 힘들이지 않고 쉽게 실천할 수 있는 것이리라.

매 라운딩마다 플레이어나 캐디가 작성하는 스코어 카드를 이용한 편지쓰기 방법도 좋다.

부부가 라운딩을 재미있게 마치고 경기 중에 작성한 그 날의 스코어 카드에 "더운 날씨에 당신 수고 많았어"라든지 "당신 실력이 지난 번보다 훨씬 좋아진 것 같아", "5번 홀 버디를 축하해"라는 멘트와 함께 스코어 카드 맨 아래쪽에 "사랑하는 남편으로부터"라고 적어 보자.

이것이 쑥스럽다면 자신의 이름 석 자와 함께 커다란 하트 표시를 해서 샤워를 마치고 식당이나 집으로 오는 차 안에서 아내에게 전한다면 아마 감동내지는 졸도 그 자체가 아닐까?

이것도 여의치 않다면 스코어 카드 사진을 찍어 간단히 전하고 싶은 내용과 함께 전송하면 어떨까?

빨간 하트마크를 새긴 골프공

어떤 부인이 있었다. 친구의 권유로 남편 몰래 골프를 배우기 시작했다. 골프채를 잡고 보니 친구들과 지내는 재미도 있고 운동도 되고 해서 매일 연습장에 출근하다시피 했다. 그러던 어느 날 잠자리에서 "나이스 샷"이라고 큰 소리로 잠꼬대를 했다. 마침 옆에서 잠자던 남편이 그 소리에 놀라 잠을 깨 "당신 골프 치는 거지?" 하고 묻는 것이었다. 처음엔 아니

라고 부정했지만 굳은살이 듬성듬성 박혀있는 손바닥을 펴보라며 확인하는 바람에 더 이상 사실을 숨길 수가 없었다.

사실을 확인한 남편은 "배운 지 얼마 됐어?", "연습장은 어디냐?" 는 등 평소와 달리 꼬치꼬치 캐묻는 것이었다. "당신 나 혼내려고 그런 거지?"하고 아내가 걱정하면서 되물었다.

그러자 남편은 그렇지 않아도 당신에게 골프를 한번 배워 보라고 얘기를 하려고 하던 참이었는데 골프를 배우고 있다니 확실한 동반자가 한 명 생겨 잘됐다며 축하 겸 머리를 올려 준다면서 아내를 데리고 골프장에 나가 함께 라운딩을 했다.

아내는 티업 시간이 다가오자면서 두근대는 마음을 진정할 수 없었는데 남편이 다가와서 "연습 때처럼 편하게 플레이 해. 여보 파이팅!"이라면서 건네준 볼에는 빨간색으로 그려진 건 하트 마크가 새겨져 있었다. 사랑의 편지로 이보다 더 멋진 편지가 있을까?

열두 빛깔의 풍경화, 골프 코스

'

아름다운 500여 개의 거대한 정원

우리나라처럼 국토 면적이 좁은 나라에서는 밀집형 아파트식 주거 문화가 발달하기 때문에 개별 정원을 가진 단독주택이 그다지 많지 않다. 대부분의 집들이 성냥갑 같은 획일화된 고밀도 아파트 위주로 형성되어있어 개별적인 정원을 갖는다는 것은 거의 불가능한 이야기다.

지리 환경적 요소를 극복하고 우리 국토를 그나마 쾌적하고 살기 좋은 생활환경으로 만들어 가기 위해서는 되도록이면 집단적인 공간을 확보해서 공원이나 대정원 등 자연 친화형 장소를 많이 만들어야 한다.

이런 관점에서 본다면 2015년 말 현재 우리나라에서 운영 중인 약 500여 개의 골프장은 잘 가꾸어진 공원이나 거대한 정원으로써 역할을 톡톡히 하고 있다고 할 것이다.

최근에 만들어지는 골프장들은 너나 할 것 없이 자연적인 식생을 복원하거나 기존 수림대를 그대로 보존하는 등 생물종의 다양성과 자연성이 높은 경관을 연출하려고 노력하고 있어 골퍼들은 라운드를 즐기면서 덤으로 멋진 자연 경관을 맛보는 즐거움을 동시에 누릴 수 있게 됐다.

골프 시즌이 시작되는 3월이면 산언덕에 피어나는 분홍색 진달래와 노란 개나리의 행렬에 빠져 들고 4월 중순이면 겨우내 땅 속에 몸을 숨기고 있던 새파란 잔디들이 지난 계절을 장식했던 누런 잔디들을 뚫고 새롭게 돋아 나오는 잔디의 강한 생명력을 느낄 수 있다.

또 5월이면 코스를 마치 푸른 양탄자를 깐 듯 파랗게 변해가는 페어웨이에 마음을 빼앗기고 6월에는 코스를 둘러싼 아카시아 나무들이 내품는 향기가 진동해서 혼수상태에 빠져 들게 한다.

7월에는 다섯 장의 보랏빛 꽃잎을 마치 아리따운 산처녀의 가슴처럼 벌어질 듯 부풀어 오른 도라지꽃의 아름다운 자태를 즐길 수 있다.

8월이면 짙은 녹음으로 뒤덮인 주위 산들에서 뿜어져 나오는 숲의 향기를 마음껏 마실 수 있다. 가끔 숲 속 나무 위에서 가는 여름을 아쉬워하며 맴맴 울어대는 매미들의 울음소리에 정신을 잃게 되기도 한다.

9월이면 홀과 홀을 이어주는 도로변에 코스모스가 흐드러지게 피어 있고 들국화도 노랗게 아름다운 자태를 마음껏 뽐내고 있다. 볼이 안 맞아 마음이 상한 골퍼의 기분까지 달래주는 아름다움이다.

10월 골프장에 가면 아기자기한 단풍을 즐길 수 있다. 사람 구경이라는 표현이 맞을 정도로 사람들로 북적이는 국내 유명 단풍 관광지보다 멋지지는 않지만 제 나름대로 아름다운 자태를 뽐낸다.

11월의 골프 코스는 겨울 채비를 위해 노랗게 물들어 간다. 그 위로 기울어 가는 석양에 반사되어 황금빛을 발하는 잔디들의 마지막 열정이 만들어 내는 늦가을의 멋진 코스 풍경을 즐길 수 있다.

종주국 골퍼의 한국 골프 코스 감탄

풀과 잡초가 한데 어우러진 곳에 바닷바람이 황량하게 불어대는 스코틀랜드의 해안 링크스 코스에서 시작된 골프가 한국이라는 나라에 전해져 이렇게 아름답고 멋진 모습으로 바뀐 것을 보고 스코틀랜드 출신의 한 외국 회사 사장이 감탄하면서 말했다는 이야기가 기억난다.

"한국의 골프 코스는 기대 이상으로 너무나 아름답다. 코스를 설계하고 만든 사람들의 상상력과 선견지명이 탁월하다고 생각한다. 골프의 규칙, 예절에만 치중한 영국에서의 골프보다 아름다운 주위 풍경 감상과 함께 상대방과 따뜻한 정까지 나눌 수 있는 한국 골프가 최고의 운동이라 생각한다"고 말이다.

한국인들이 골프를 왜 그렇게 좋아하는지 단번에 그 이유를 알 수 있게 됐다는 것이다. 1년 내내 이런 골프장에서 부부가 함께 즐겁게 노닐 수 있다는 게 얼마나 행복하고 감사한 일일까?

부부 금슬 쌓는 비법

부부 금슬을 높이기 위한 10가지 방법

청춘 남녀가 서로 눈에 콩깍지가 씌어 불 같은 사랑을 하고 결혼이라는 과정을 통해 마침내 한 가정을 이뤄 부부가 됐다. 하지만 행복한 부부 생활을 오랫동안 영위해 가기란 결코 쉽지 않다. 부부 금슬을 높이기 위한 갖가지 묘수와 방법들이 소개되고 있는 것도 바로 이 때문일 것이다. '부부 자리 찾기'라는 책을 읽다가 그 책에서 소개하고 있는 부부 금슬을 높일 수 있는 방법 10가지가 눈에 들어왔다. 10가지 내용 모두 부부 골프를 하면 저절로 실천되는 내용이라 여기에 소개하고자 한다.

첫째, 자주 칭찬하자. 부부 사랑은 배우자의 칭찬을 먹고 자란다. 라운드 중에 배우자의 샷이 잘 맞았으면 큰 소리로 '나이스 샷'이나 '굿 샷'으로 격려해주고 벙커에서 잘 탈출하면 '나이스 아웃'이라 크게 외친다. 그린에서 파나 보기 퍼팅을 성공시키면 '나이스 파'나 '나이스 퍼트'라 외치면서 함께 하이파이브만 해도 한 번 라운딩에 얼마나 많은 칭찬과 스킨십을 하게 될까?

게다가 배우자가 버디라도 하는 경우엔 축하와 사랑의 의미로 살포시 한 번 안아 주기라도 한다면 축하의 지존이라 할 수 있을 것이다. 금상첨화가 바로 이를 두고 하는 말이 아닐까?

둘째, 매일 한 끼 이상 함께 식사하자. 부부가 식탁에 마주 앉아 대화를 나누면 소화제가 필요 없다. 골프를 주제로 부부가 식탁에서 이야기보따리를 풀면 이야기에 빠져 아마도 친구와의 약속시간에 늦을 지도 모른다. 게다가 TV 골프 채널에서 하루 종일 중계 중인 다양한 골프 경기라도 함께 보면서 식사를 한다면 아마 친구와의 약속을 다음 기회로 미루어야 할 것이다.

셋째, 매달 한 번씩 함께 외출하자. 부부 동반 외출은 삶의 활력을 북돋운다. 라운딩 후 골프장 근처에 줄지어 있는 값도 싸면서 맛있는 음식점에 들러 그날 라운딩한 내용을 반찬과 안주삼아 부부가 함께 식사를 한다면 이게 바로 두 항목의 참된 실행이 아닐까?

넷째, 계절마다 한 번씩 여행을 떠나자. 계절마다 변화하는 색깔에 마음을 물들이는 부부 여행을 떠나자. 전국 각지의 골프장을 찾아 계절마다 다양하게 변하는 골프장 주위의 풍경들을 감상하면서 함께 라운딩하는 것이야말로 예쁜 색깔로 행복을 물들이는 부부만의 멋진 여행이 아닐까? 여기서 잠시 스마트폰을 꺼내 캐디에게 멋진 '한 컷!'을 부탁하면 더더욱 좋다.

다섯째, 기념일을 기억하자. 배우자의 생일이나 결혼기념일에는 단둘이 오 붓한 추억을 만들자. 가까운 가족까지 초대해서 축하 라운드를 한다면 이 보다 더 기억에 남는 멋진 이벤트가 어디 있을까?

골프는 절대미인과 함께 사는 것

여섯째, 배우자를 애인처럼 여기자. 배우자는 평생 애인이고 애정은 나눌수록 커진다. 골프는 절대 미인과 함께 사는 것이라 했거늘 부부가 함께 골프를 즐기는 자체가 아내를 애인이라 여기기 때문이 아니겠는가? 아내가 한 칩 샷이나 퍼팅한 볼이 홀컵 가까이 붙으면 컨시드를 주면서 볼을 주워 흙을 닦아 건네주면서 아내의 손을 살며시 잡아 보자. 또 아내의 샷이 잘못돼서 해저드나 숲 속으로 들어갔다면 그 볼을 찾아서 치기 좋은 곳에 놓아주면서 "여보 파이팅!"하고 한번 외쳐 보자. 부부 금슬이 어찌 될까?

일곱째, 휴식에 인색하지 말자. 대가를 받는 일은 피곤한 노동이고 자의로 하는 일은 즐거운 휴식이다.

여덟째, 행복을 창조하자. 부부의 행복은 우연히 찾아오는 것이 아니다. 서로 손잡고 동심으로 돌아가 소꿉장난을 시작하자. 이 두 항목을 묶어보면 부부 골프보다 더 좋은 휴식과 여가 활용, 그리고 취미생활이 어디 있을까 싶다.

아홉째, 고생도 즐기자. 고생도 즐길 줄 알아야 완벽한 금메달 부부다. 지구상에 골프만큼 몸과 맘고생이 심한 운동도 별로 없을 것이다. 특히 부부 골프라는 것은 어느 정도 수준과 연륜이 쌓일 때까지는 고생이 더 심하다. 하지만 이를 극복하는 과정에서 새록새록 솟아나는 진한 부부애를 잘 활용한다면 이 세상 최고의 금슬 부부가 되지 않을까? 이상 9가지 묘약을 소개했는데 독자 여러분들도 충분히 공감하리라 확신한다. 그럼 이렇게 부부 금슬 쌓기에 좋다는 마지막 묘약은 무엇일까?

효능이 36시간 동안이나 지속?

믿거나 말거나 한 얘기 하나를 소개하고자 한다. 제품명이 C로 시작되는 외국의 유명 발기부전 치료제 제조회사가 PGA골프대회의 타이틀 스폰서를 맡으면서 효능이 36시간 동안 유지된다는 제품광고를 했는데 특별히 한국에서 시장 점유율이 크게 신장했다는 얘기다. 한국 부부 골퍼들은 이 광고를 하루에 36홀 라운딩도 거뜬하게 해낼 수 있는 체력을 남편에게 만들어 준다는 의미로 해석했기 때문이라고 한다. 꿈보다 해몽이네.

신(神) 대신 부부 골퍼 할래

신이 내린 스포츠

골프를 흔히 신이 내린 스포츠라고 말한다. 영어인 GOLF를 한자씩 풀어 보면 그 말이 결코 틀린 말이 아님을 알 수 있다. 먼저 G는 Green 또는 Grass를 뜻한다. 합치면 푸른 잔디다. 두 번째 O는 Oxygen으로 산소를 뜻한다. 즉 맑은 공기를 의미한다고 할 수 있다. 세 번째 L은 Light로 빛이나 밝음을 뜻하므로 태양을 의미한다. 마지막 글자 F는 Friend 또는 Family를 뜻한다. 친구와 가족을 포함한 동반자를 칭하는 말이다. 한 마디로 골프란 밝은 햇볕 아래 푸른 잔디를 밟으며 맑은 공기를 마시면서 친구나 가족을 동반자로 해서 함께 즐기는 운동이라 할 수 있다.

흔히 골프를 즐기려면 인생 오복을 다 갖춰야 한다고 한다. 첫째는 돈복이다. 국내 골프장 여건을 놓고 볼 때 골프를 즐기는 데는 상당한 비용이 든다. 다행히 과거에 비해 요금이 많이 싸졌다고는 하지만 주중 기준으로 1인당 15만 원 정도 소요되는 매우 값비싼 운동이다. 최근에는 스크린 골프와 함께 값싼 골프장이 많이 만들어져 경제적 부담이 줄어들었다고는 하지만 골프는 여전히 비용이 꽤나 드는 운동이다. 따라서 충분한 경제력이 있어야 한다.

둘째로 건강 복이다. 다른 운동에 비해 과격하거나 에너지 소모량이 많은 편은 아니지만 신체의 상당 부분을 반복 사용해야 하고 꽤 오랜 시간을 걸으면서 해야 하는 운동이라 몸이 허약하거나 병이 나면 절대로 즐길 수 없는 운동이다. 돈은 있는데 휠체어 신세를 지고 있어 라운딩을 하지 못하고 그저 바라보기만 한다면 그 기분이 어떨까?

셋째로 부부가 함께 할 수 있는 시간이다. 한 번 라운딩을 하는데 소요되는 시간이 최소 네댓 시간 가량 되는데다 이동하는데 걸리는 시간까지 감안하면 최소 8시간 이상 소요되는 운동이다. 살다 보면 할 일이 별로 없어 보이는 데도 여기저기 정신없이 시간을 빼앗기다 보면 아무 한 것도 없이 바쁜 게 우리의 일상이다. 그런 가운데서 8시간을 온전하게 부부가 함께 할 수 있다면 얼마나 좋을까?

넷째로 편한 마음이다. 골프는 멘탈 요소가 강한 운동이라 집안에 우환이 있거나 마음이 편안하지 않으면 제대로 즐길 수 없다. 흔히 여러 가지 골치 아픈 일들이 많을 때 머리도 식힐 겸 기분 전환을 위해 라운딩을 권하지만 이럴 땐 골프마저도 현실을 외면하지 않는다. 사업도 잘되고 집안이 화목하고 모든 것이 잘 나갈 때 덩달아 잘 맞는 것이 골프다.

혼자 하는 골프는 즐거움 아닌 고역

다섯째는 반드시 동반자가 필요한 운동이다. 혼자서도 골프를 못하는 것은 아니지만 혼자보다는 여러 명이 함께 어울려 즐기는 운동이다. 나라 전체에 골프장 수가 수천, 수만 개 되는 소위 골프 천국이라는 나라들에서 골프 붐이 우리나라만큼 일지 않는 이유도 골프장은 많지만 함께 할 동반자가 많지 않아 플레이하는 재미가 없기 때문이다. 혼자 하는 골프는 즐거움이 아니라 고역이나 체벌이라는 표현이 있을 정도다.

이런 골프를 부부가 함께 한다는 것이야말로 행복한 부부의 이상적인 모습이라 아니할 수 없다. 한국레저산업연구소가 발표한 자료에 따르면 2014년 한해 골프장을 찾은 내방객이 거의 3000만 명에 육박한다고 한다. 한 사람이 두 달에 한 번, 1년에 6회 정도 라운딩을 한다고 가정하면 우리나라 골프 인구가 줄잡아 500만 명 내외로 추정된다. 전체 국민 5000만 명의 10% 수준이다. 더구나 부부가 함께 골프를 즐기는 수준이라면 전체 인구의 0.5%에 포함되지 않을까? 이 정도 수준이라면 그리스, 로마 시대의 신들이 "나, 신 말고 부부 골퍼 할래"하고 나서지 않을까?

The 19th Hole

‘

골프의 뒷풀이가 시작된다

골프의 발상지이자 성지인 스코틀랜드의 세인트 앤드류스 올드 코스가 있는 시내에 골프 호텔이 있는데 그 호텔에 있는 바 이름이 ‘The 19th Hole’이다. 출입구가 올드 코스 18번 홀의 그린을 향해 있는 곳으로 5년마다 한 번씩 브리티시 오픈이 열리는 기간에 중계방송 카메라에 자주 잡히는 바람에 우리에게는 꽤나 친숙한 곳이기도 하다.

이곳은 18홀 라운드를 마치고 난 후 동반자들이 함께 어울려 차나 식사를 하면서 담소를 나눌 수 있게 마련된 장소다. 18홀 라운딩 동안 자신과의 경쟁은 물론 비와 바람, 벙커나 해저드, 러프 등 코스 안팎에 다양한 형태로 도사리고 있는 장애물들로 인해 쌓였던 긴장된 분위기와는 전혀 딴판인 홀이다.

이곳에서는 긴장감에서 벗어나 온갖 대화와 잡담 심지어는 음담패설까지 난무하게 되는 데 한마디로 골프의 뒤풀이를 즐길 수 있는 곳이다. 19번째 홀에서는 그날 라운딩 결과가 중요하지 않다.

골프를 끝낸 골퍼들이라면 누구나 편안한 마음으로 술잔을 들고 앉아서 마음껏 수다를 떨 수 있는 곳이다. 여기서는 골퍼들의 영원한 숙제인 거리와 방향에 대한 대화가 안주거리로 자주 오른다.

전반 6번 홀에서 아깝게 놓친 버디 퍼팅은 방향은 맞았는데 거리가 조금 짧았고, 후반 5번 홀에서 발생한 OB는 샷은 좋았는데 방향을 잘못 잡았다는 등, 환희와 기쁨, 아쉬움과 분노를 안주 삼아 그날 라운딩이 새로운 드라마로 재현되는 곳이 바로 19번째 홀이다.

15세기 경 영국에서 처음 시작된 골프가 18세기 미국, 20세기 초에 일본을 통해 1940년 경 우리나라에 처음 소개됐다. 이런 골프가 70년도 채 되지 않는 짧은 시간에 한국 상류사회의 대표적인 레저 스포츠이자 비즈니스 문화로 자리 잡게 됐다.

그 이유가 무엇일까? 여러 가지가 있겠지만 나는 감히 19번째 홀이 있기 때문이 아닌가 생각한다. 클럽 하우스 내의 식당이나 골프장 주위에 즐비하게 늘어선 음식점들이 바로 그 19번째 홀이다.

이어령 교수는 한국인들이 문화적 동질감을 느끼기 위해서는 반드시 함께 먹고 마셔야 한다고 얘기한다. 만나서 단지 운동만 하고 그냥 헤어지면 절대 친해질 수 없단다. 라운딩을 끝내고 발가벗은 채 탕 안에서 샤워하고 이어 식당에서 술 한 잔을 곁들어 식사까지 해야 비로소 끝이 나는 한국식 패키지형 라운딩이야말로 우리나라에서 골프의 인기를 높여준 일등공신이 아닐까 한다.

물론 이런 좋은 의미의 19번째 홀이 잘못 사용되고 있는 경우가 없는 것은 아니다. 잘못된 19번째 홀 관행을 깰 수 있는 좋은 대안 중 하나가 바로 부부 골프를 확산시키는 것이다. 라운딩을 마친 부부들이 샤워를 하고 다시 한자리에 모여 라운드 중에 있었던 내용들을 안주 삼아 18홀 플레이의 즐거움을 또 한 번 만끽하는 것이다.

시원한 생맥주나 화이트 와인 한잔과 함께 식사를 곁들이면서 상대방이 잡은 멋진 버디를 축하해주고 위기를 모면한 멋진 리커버리 샷에 대해서는 아낌없는 칭찬을 해주고 OK거리 내 짧은 퍼팅 미스로 아깝게 놓친 버디에는 아쉬움을 나누면서 그 날의 라운딩 의미를 되새긴다면 이 19번째 홀이야말로 그 어떤 홀보다 더 멋지고 인생의 그 어떤 시간보다 더 즐거운 시간이 아닐 수 없는 것이다.

인생의 축소판이라느니 한편의 인생 드라마와도 같다는 18홀 경기를 마치고 이를 안주삼아 동반자들이 둘러앉아 대화를 나눈다면 이보다 더 감동적인 부부들만의 시간이 또 어디에 있을까?

그럼 오늘 집에 빨리 들어오겠네!

어느 주말, 골프는 물론 19번째 홀도 잘 모르는 아내에게 골프가 끝나면 바로 집으로 오겠다는 약속을 하고 어렵게 친구들과의 출정 허락을 얻어 라운드를 하던 중 생각지도 못한 홀인원을 하게 되었다.

기쁜 나머지 아내에게 자랑도 하고 축하를 받고 싶어 당장 전화를 걸었다.

"여보 나 홀인원 했어!!!"

흥분된 목소리로 아내에게 얘기를 했지만 아내는 퉁명한 목소리로 대답을
한다.

"그게 도대체 뭔데?"

이런 저런 설명을 해도 제대로 알아듣지 못하자 남편은 간단히 압축해서
설명을 해주었다.

"응, 세 번 만에 들어갈 홀을 한 번 만에 집어넣은 거야."

그랬더니 아내가 하는 대답이 걸작이다.

"그럼 오늘 집에 빨리 들어오겠네?"

21세기형 부부 장수 운동

골프와 장수의 세 가지 공통점

우리나라도 이미 65세 이상 인구가 전체 인구의 7%를 넘어 고령화 사회(aging society)로 접어들었다. 2020년 경에는 이 수치가 14%를 넘어서 고령 사회(aged society)로 접어들게 된다고 한다. 고령 사회로 접어들면 들수록 건강 문제가 중요하게 대두될 가능성이 높다.

몇 년 전 한 신문사와 서울대 의대가 공동으로 국내 장수 마을을 찾아 장수하는 사람들의 생활양식과 식습관 등에 관한 종합적인 연구 결과를 발표한 적이 있다. 장수하는 사람들의 몇몇 특성이 있었는데 그 가운데 지리적으로는 주로 산간지방에 사는 노인들이 건강한 것으로 나타났다. 경북 예천과 상주, 경남 거창, 전북 순창, 전남 함평과 보성 등 국내 다른 지역에 비해 산간지역에서 오랫동안 살아오면서 특히 운동량이 많았다는 것이다. 언덕에 위치한 주거지에서 생활하면서 일상생활에서 늘 언덕을 오르내렸기 때문이다.

장수의 첫째 비결은 바쁘게 움직이는 것이었다. 104세로 타계한 강원도 인제의 한 할아버지는 일주일에 한 번씩은 험한 산길을 걸어 동사무소를 방문했을 정도였고 횡성의 한 할아버지는 장작이 필요 없어도 일부러 나무를 해서 쌓아 뒀다고 한다.

두 번째 비결은 규칙적인 생활과 절제다. 장수 노인들은 건강에 금기시되는 담배와 술을 즐기더라도 항상 정해진 양을 지켰다는 것이다. 어떤 음식을 먹느냐 보다는 언제, 어떻게 먹느냐가 중요했다. 정확한 시간에 하루 세끼를 먹고 일정한 분량의 식사량을 취했다고 한다.

세 번째 비결은 오랫동안 사람들과 어울려 생활했다는 것이었다. 나이가 들수록 주위에 있는 가족이나 친구들이 점점 떨어져 나가게 되는데도 이 분들은 부부 간이나 이웃 간에 함께 어울려 즐거운 시간을 많이 만들어 갔다고 한다. 과자를 준비해뒀다가 놀러 오는 동네 꼬마들에게 나눠주니 독거 할머니 댁이 마치 마을회관처럼 사람들로 붐볐다고 한다.

이 연구에서 정리한 비결 대로 생활할 수 있는 가장 알맞은 운동이 바로 골프가 아닌가 한다. 우선 우리나라 골프장 대부분이 구릉과 산악지형에 만들어져 있어 라운딩을 하면 저절로 언덕을 오르고 내릴 수밖에 없는데다 페어웨이에서는 코스를 읽고 공격 전략을 세우느라 바쁘고 그린 위에서는 라이를 읽느라 바쁘고 홀 아웃하면 게임 방식에 따른 돈 계산하느라 바쁜 게 바로 골프다.

게다가 골프의 특성이 매너와 규칙을 지키면서 적당히 절제해야 하는 운동이라 골프를 즐기게 되면 규칙적이면서도 절제된 생활 습관을 저절로 기를 수 있게 되고 라운딩은 가능한 한 4명 한 조로 플레이를 하게끔 되어 있어 부득불 여럿이 어울릴 수밖에 없는데다 특히 연령층에 상관없이 남녀노소가 다양하게 어울릴 수 있는 유일한 운동이다. 골프야말로 부부가 함께 할 수 있는 21세기형 장수 운동이라 할 수 있다.

안도 모모후쿠 회장의 장수 비결

몇 년 전 97세의 나이로 타계한 인스턴트 라면의 최초 개발자이자 일본 최대의 라면 회사 일신식품의 창업주였던 안도 모모후쿠 회장이 서울에서 개최된 세계라면총회에 참석했던 당시 인터뷰 기사가 눈길을 끌었다. 거의 한 세기 동안이나 건강하게 사는 비결이 무엇인가라는 기자들의 질문에 안도 회장은 골프와 라면 때문이라고 말했다. 라면 회사 회장이니 라면은 논외로 한다 하더라도 골프라는 대답은 조금 의외였다.

그는 오사카의 본사 근처 골프장에서 주 2회 정도 골프를 치는데 사망 직전에도 한 해에 1백 번씩이나 라운딩을 했다고 자랑했다. 9홀 평균 50타 수준의 실력인 안도 회장은 서울 도착 직후인 다음날 오전에도 경기도에 있는 일동레이크CC까지 가서 8홀을 돌고 오후에는 강남에 있는 호텔에서 개최된 라면 총회에 참석했다고 한다.

현대판 가문의 영광, 에이지 슈터 ^{Age shooter}

‘

‘운영기십(運零技十)’ 완벽한 자기 노력의 산물

에이지 슈터^{Age Shooter}! 18홀 라운딩을 자신의 나이 이하의 타수를 친 골퍼를 말한다. 지구상 수많은 운동들 중에서 나이에 맞게 의미를 부여하면서 즐길 수 있는 운동이 얼마나 있을까?

골퍼라고 해서 아무나 꿀 수 없는 정말 꿈 같은 기록이다. 그야말로 신이 특별히 점지한 사람만이 이룰 수 있는 그런 대기록이 아닐까?

1만2000분의 1 확률로 발생한다는 홀인원 기록 10번을 여기에 비할 수 있을까? 아니면 한 번 하면 최소한 5년은 행운을 보장한다는 알바트로스를 이 영광에 비할 수 있을까?

홀인원이 운칠기삼(運七技三) 수준의 행운이고 알바트로스가 운삼기칠(運

三技七) 수준의 행운이라면 에이지 슈터는 '운영기십(運零技十)' 수준의 완벽한 자기 노력이자 인생 전체이기 때문이다. 단순한 행운보다는 한 인생을 살면서 자신에 대한 끊임없는 열정과 노력이 함께 어우러져 만들어 낸 자랑스러운 인생 기록부이기도 하다.

인생의 오복인 배우자, 경제력, 건강, 친구, 그리고 심적, 시간적 여유, 이 다섯 가지 중 어느 것 하나 모자라면 결코 이룰 수 없는 기록이 바로 에이지 슈터다.

18홀 라운딩을 탈 없이 무사히 마치기만 해도 대단하다고 할 칠순 초반에 언더 파를 쳐야만 달성 가능한 기록인데다 인생의 만복을 얻었다고 하는 희수(77세)의 나이에도 그냥 싱글이 아닌 로우 싱글(5오버파)을 쳐야만 가능한 기록이 바로 에이지 슈터다. 게다가 골프 경험이 많은 사람들에게도 쉽지 않다는 보기 스코어 플레이를 미수(88세)인 나이까지 유지해야 가능한 기록이기도 하다.

장원급제보다 에이지 슈터

이러한 대기록을 나는 현대판 '가문의 영광'이라 감히 부르고 싶다. 유교 문화권 속에서 형성된 대가족 사회에서 '가문의 영광'은 집안 식구 중 한 사람이 학문을 열심히 하여 과거에 합격해서 입신양명하고 그로부터 획득한 막강한 권력을 최대한 이용해서 주변 가족이나 친척들까지 굴비 엮듯 엮어서 가문 전체를 상류계층으로 신분을 상승시키는 것이었다. 이런 특권으로 과거시험 합격이나 장원급제가 가문의 영광으로 통해왔고 우리 사회에 그런 생각이 아직도 남아 있다.

하지만 산업사회를 지나 정보사회로 접어들면서 가족 체계는 이미 핵가족 사회를 넘어 1인 가족화, 초고령화 사회를 목전에 두고 있다. 인터넷과 IT 기술의 눈부신 발전으로 세상이 훨씬 투명해지고 사소한 정보도 실시간으로 세상에 공개되고 있다. 이런 사회에서 고시에 합격해서 높은 지위나 관직에 오른다는 것은 단지 당사자 개인이 좀 더 안정적인 직업을 구했다는 것일 뿐, 주변 가족들이 덩달아 신분 상승을 누릴 수 있음을 의미하지 않는다. 대통령 가족들도 재임 기간 동안은 숨죽여 생활해야만 하는 그런 사회인 것이다.

치열한 글로벌 경쟁 하에서 미래가 불확실하고 갈수록 삶이 팍팍해지는 시대를 살아야 하는 자식들에게 경제적 걱정거리를 주거나 부모 부양이나 오랜 간병 부담을 지우거나 한다면 얼마나 안타까운 부모의 모습일까? 이런 시대에선 부모들이 어느 정도의 경제력을 갖고 서로 행복하게 지내며 자녀들에게 즐거운 일이 있을 땐 축하와 칭찬을, 어려울 땐 격려와 위로를 해줄 수 있는 그런 현명한 부모가 되는 것이야 말로 장수 시대의 가문의 영광이 아닐까? 늦었다고 할 때가 가장 빠른 때라고 했거늘 모쪼록 지금부터라도 에이지 슈터의 꿈을 가지고 노력해 간다면 결코 못 이룰 꿈도 아닐 것이다. 게다가 욕심쟁이 부부라면 부부가 함께 현대판 '가문의 영광'을 목표로 정해 놓고 차근차근 도전해 간다면 자녀들에게도 좋은 교육이자 삶의 모범을 보여주는 자랑스럽고 아름다운 행복한 부부의 모습이 아닐까?

생명의 은인, 캐디님!

‘

방아쇠론과 사필귀정론

　　　　"돈을 잃으면 인생의 조금을 잃는 것이요. 친구를 잃으면 인생의 부분을 잃는 것이요, 건강을 잃으면 인생 전부를 잃는 것과 같다"는 말이 있다. 건강의 중요성은 아무리 강조해도 지나침이 없다. 모두가 아는 얘기지만 실천을 못해 탈이다.

전 국립암센터 원장이셨던 분이 하신 말로 기억된다. 우리가 건강에 대해 잘못 알고 있는 두 가지가 있는 데 하나는 건강히 오래 사는 것을 팔자 소관이라 생각하는 것과 또 하나는 건강에 특별한 비법이 있다고 믿는 것이라 한다. 그 분은 '방아쇠론'과 '사필귀정'론을 들어 이를 설명하고 있는 데, 방아쇠론이란 총알이 얼마든지 있어도 방아쇠만 당기지 않으면 총은 무섭지 않다는 것으로 대부분의 성인병과 암은 자극을 받을(방아쇠를 당길) 때 비로소 촉발한다는 것이다. 따라서 유전적 요소를 가지고 있다 하더라도 방아쇠만 당기지 않으면 안전한데 이를 당기는 것은 다른 누구도 아닌 바로 자신이며 자신이 오랫동안 만든 나쁜 습관과 생활 환경이라는 것이다.

사필귀정론은 인체는 과학이기 때문에 변칙이나 예외는 절대로 통하지 않는다는 것이다. 건강을 위해 노력한 사람은 그렇지 않은 사람보다 분명히 건강하게 오래 살 수 있다. 따라서 건강도 설계를 해야 하고 나이가 들수록 재테크보다 더 중요한 것이 헬스 테크이며 평범한 건강 원칙을 제대로 지키기만 해도 최소한 10년은 더 건강하게 살 수 있다는 것이다.

진상 '카지노'가 되지 말자

골프는 원래 스코틀랜드 지방의 목동들이 초원을 걸으면서 즐기는 놀이였다. 초기에는 골퍼들이 직접 골프채를 메고 라운딩을 했으나 일반에 보급되면서부터 클럽은 캐디가 메고 골퍼는 샷에만 집중하고 코스 공략을 논의하면서 필드를 걸어가는 운동으로 정착됐다.

국내의 경우, 1990년대 후반까지만 하더라도 대부분의 골프장이 수동 카트를 이용해서 라운딩하게끔 설계되어 있었다. 그러던 것이 경기 시간의 단축, 캐디 확보의 어려움 등의 이유로 신규 골프장은 물론 기존 골프장들까지 전동 카트제를 도입함으로써 지금은 안양과 동래, 그리고 인천국제CC만이 걸으면서 골프를 즐길 수 있는 골프장으로 겨우 남아있는 실정이다. 이런 상황이 도래하게 된 것이 비단 골프장 문제만은 아니다. 우리 골퍼들에게서 비롯된 것도 매우 크다고 생각된다. 과거 수동 카트 시절엔 당연히 걸으면서 라운드를 즐겼던 골퍼들도 어느새 전동 카트 없이는 라운드를 못할 정도로 잘못된 습관에 익숙해져 버렸다.

경기 시간 단축을 핑계로 카트를 이용할 수밖에 없다고 항변한다면 얼마든지 대안이 있다. 스윙은 신중하게 하되 이동만 빨리한다면 얼마든지 걸으면서도 라운드를 즐길 수 있다. 걷다가 정말로 시간에 쫓길 경우엔 티잉 그라운드에서 두 사람씩 동시 티업을 하는 것이다. 연습 레인지에서 연습하듯 두, 서너 홀만 동시(?)에 티업하면 홀 당 1분 20~30초 정도의 시간은 단번에 줄일 수 있어 시간에 쫓기지 않고 18홀 내내 얼마든지 걷는 골프를 즐길 수 있다.

골퍼들 중에는 필드에서 조금이라도 힘을 축적해둬야 샷에 집중할 수 있고 장타를 칠 수 있다는 주장을 펴면서 3보 이상은 무조건 카트를 고집하는 진상 '카지노(카트만 지키는 노~옴)'들이 생각보다 많다. 걷는다는 인간의 가장 기본적인 행위를 하지 않으면서 볼만 친다는 것은 스포츠로서 골프의 정체성을 잃어버리는 것이다. 마치 힘들다면서 뛰지 않고 축구나 야구를 한다고 생각해 보시라.

부부 골퍼들이여! "걸음아 날 살려라"라는 생각으로 오늘부터라도 당장 부부가 라운드하면서 걷는 골프를 하시라. 캐디가 경기 진행상 어쩔 수 없이 채근하는 속도의 빠른 걸음이야말로 우리를 건강하고 장수하게 하는 처방임을 명심해야 한다. 전국의 캐디님들, 정말 고마워요!

2nd Hole

여성골퍼 만세

아내들이여, 지금 당장!

‘

그 여자는 왼손잡이야!

젊어서 아이들을 뒷바라지 하느라 자기를 위한 건강 관리를 소홀히 하다가 어느 날 갑자기 날벼락 같은 말기암 판정을 받고 죽음에 직면하게 된 부부가 있었다. 남편과 장성한 자식들을 두고 먼저 세상을 떠나야 하는 부인으로서는 아쉬움이 말할 수 없이 컸다.

"여보, 내가 죽으면 자기와 함께 찍은 사진 액자에 다른 여자의 모습이 걸리게 되겠지?"

아내는 쓸쓸한 표정으로 남편에게 물었다

"그게 무슨 소리야? 쓸데없는 소리는 하지도 마."

남편은 펄쩍 뛰면서 대답했다.

아내는 조금 안심이 됐지만 그래도 걱정을 완전히 지울 수는 없었다. 조금 더 강도 높은 질문을 던졌다.

"여보, 내가 죽으면 이 침대에 다른 여자가 눕게 될 것 아니에요?"

그러자 남편은 다시 벌컥 화를 내면서 대답했다.

"그런 쓸데없는 말 자꾸 하면 정말…가만 안 둔다!!"

'그러면 그렇지'

아내는 이제 조금 안심이 됐다. 마음을 놓으며 마지막 질문을 하나 던졌다.

"내가 건강 다시 찾으면 시작하려고 사 둔 골프 클럽을 새 여자가 쓰겠지?"

그러자 남편은 더 크게 화를 내며 대답했다.

"걱정하지 말라니까? 그 여자는 왼손잡이야!"

남편에게 가장 좋은 선물, 골프 친구

오랫동안 금슬 좋은 부부로 남으려면 지금 당장 골프를 시작하자. 언젠가, 좀 더 있다가, 아이들 대학 가고난 후 같은 핑계는 필요 없다. 부부가 서로 대화하며 건강을 함께 지켜 인생을 즐기면서 행복하고 아름다운 노년을 함께 맞이하려면 골프, 지금 당장 시작하자. 아니면, 지금부터 연습이라도 조금씩 해 두자.

자식들로부터 억울한 대우를 받는 세상 변화를 한탄하기보다 이런 상황이 오기 전에 미리 부부간 행복한 노후를 준비해 두는 것이 현명한 대안이다. 골프를 좋아하는 남편을 둔 아내 가운데는 주말마다 이른 새벽에 골프장으로 출근하는 남편의 보스턴백을 챙겨주고 아침까지 먹여서 보내거나 친구들과 카풀한다는 곳까지 운전해서 태워주거나 심지어는 골프 비용까지 살뜰히 챙겨주는 아내들도 있다.

하지만 골프를 좋아하는 남편에게 가장 좋은 선물은 남편과 함께 골프를 즐김으로써 남편의 골프 친구가 되어 주는 것이다.

대부분의 나이 든 남편들이 "젊을 땐 싱글을 치는 골퍼가 제일 멋지고 부러웠는데 요즘은 싱글되어 치는 골퍼가 제일 가엽고 불쌍하게 보인다"고 한다.

"사장님은 저렇게도 좋은 사모님을 만나 행복하시겠어요."

부부가 함께 라운딩을 할 때 캐디로부터 듣는 아부성 인사말에 "행복하긴 뭘~"이라는 겸연쩍은 대답을 하게끔 준비하자.

하버드대학 심리학과의 대니얼 길버트 교수는 "사람들은 돈으로 행복을 살 수 없다고 하는데 이는 매우 잘못된 생각이다. 돈으로 행복을 얼마든지 살 수 있다. 다만, 무엇을 사야할 지를 아는 것이 핵심이다"라고 하면서 "행복해지고 싶으면 물건보다는 사람들과의 상호작용을 많이 하는 경험이나 추억, 레저와 관련된 것을 구매하라"고 주장한다.

경험은 한 번에 소비해 버리는 물건보다 행복감을 오래 주며 추억이라는 보너스까지 받게 해주기 때문이다. 부부 골프야말로 바로 이런 경험과 추억을 최대한 많이 구매하는 행복한 투자 활동이다.

여기에 쓰는 돈을 아깝다고 생각하지 말자. 그것이 부부가 결혼한 핵심 이유이지 않은가?

어느 날 중년 부부들이 라운딩을 하고 있었다. 마침 그 앞 팀에는 비교적 젊은 사람으로 보이는 4명이 한 조로 플레이를 하면서 거의 매 홀마다 그린 위에서 신중하게 퍼팅을 하는 바람에 라운딩시간이 꽤나 지연됐다.

뒷 조 사람들은 짜증이 나긴 했지만 앞 조에서 아마 대단히 큰 내기를 벌이는 것이라 생각하고 인내심을 발휘하면서 힘들게 라운딩을 마치고 에어건 있는 곳으로 들어서고 있었다.

마침 앞 조를 담당했던 캐디가 손님들의 클럽을 정리하고 있기에 한 명이 다가가 캐디에게 물었다.

"조금 전 앞 팀에서는 도대체 타 당 얼마짜리 내기를 했나요?"

그 말을 들은 캐디는 담담하게 대답했다.

"형제 부부끼리 홀로 계신 부모님을 누가 모시냐하는 내기였다고 합니다."

이런 얘기를 듣고 씁쓸하게 생각하거나 설마 우리 자식들은 안 그러겠지 하고 착각하지 말자. 자식들로 하여금 '홀로 된 부모 모시기'가 아닌 '어머님과 한 팀 되기'를 놓고 열나게 배팅하도록 하자.

그것도 프로야구 결승전인 코리안시리즈처럼 7전 4선승제 정도로….

아내에게 누가 돌을 던지랴!

‘

남편에게 절대 배워서는 안 되는 두 가지

절대로 남편에게서 배워서는 안 되는 두 가지가 있는데 바로 운전과 골프다. 전 인류가 공감하는 이 명제를 무시하고 내 남편만은 절대로 아니라고 억지를 부리다가 도로 한가운데서 갑자기 급브레이크를 밟고 운전석을 박차고 나온 아내들이 어디 한둘일까?

거금을 들여 어렵게 장만한 골프채마저 부러뜨리고 싶은 감정을 억누르며 다시는 남편하고 골프장에 안 온다고 다짐한 아내들은 또 얼마나 많을까?

골프는 오전에 배운 사람이 오후에 배우는 사람을 가르치려고 하는 묘한 운동이라고 한다. 이론이 그렇게 어렵거나 복잡하지도 않는데다 그렇다고 딱히 이것이라고 할 만한 정론이 있는 것도 아니면서 여러 가지 복합적인 요인들로 얽혀 있는 운동이기 때문일 것이다.

골퍼의 참견이 가장 큰 문제가 되는 경우는 바로 부부 골퍼 사이에 있다. 체력적 조건이나 신체 구조상 골프에서 우월적 지위를 가진 남편은 하수인 아내에게 가르쳐 주고 싶은 욕망은 큰데 비해 아내의 제반 조건들은 남편의 교습 내용을 제대로 소화할 수 없다는 사실을 잊은 채 일방적인 교습을 계속함으로써 비롯되는 것이 문제다.

남편의 스윙 원리와 폼이 아주 출중해서 남편이기 이전에 골프 사부로서 깍듯이 모실 수 있으면 다행이지만 대부분의 경우 그러하지 못하다. 남자들은 별 연습 없이 힘으로 공을 멀리 보낼 수 있지만 아내의 경우 파워가 약해 폼과 메커니즘을 완전히 소화하지 못하면 거리를 낼 수 없기 때문에 퍼팅을 제외하고는 남자만큼 숙달하기가 쉽지 않는 운동인 것이다.

골프가 안 되는 108가지 이유

필드에서 아내와 함께 골프를 치고 있는 부부들의 모습이 그렇게 멋지고 부러울 수가 없다. 그런데 문제는 가까이 가서 본 두 사람의 표정은 우리가 기대하는 그런 행복하다거나 사랑스런 모습도 아니고 마치 불구대천의 원수끼리 한자리에 모여 있는 것처럼 무표정하거나 살벌하기까지 한 모습들이다. 남편은 아내 쳐다보기를 마치 지진아나 열등생 쳐다보듯 한심스러워하고 아내는 아내대로 지겹고 화가 나서 어서 빨리 끝내고 싶은 표정들이다. 남편을 쳐다보는 눈빛에 애정은커녕 파란 불꽃같은 분노가 뿜어져 나오고 내쉬는 숨소리도 폭발 일보 직전의 모습을 연출하고 있다.

전국의 남편들이여! 자신들은 골프를 제대로 잘 치기 위해 얼마나 많은 우여곡절과 어려움들을 겪었는가? 친구들과의 내기 골프에서 얼마나 많은 돈을 잃었는가? 게다가 말 못할 수모를 당하고 자존심 상하지는 않았는가? 아예 골프채를 부셔버리고 골프를 때려치우고 싶은 적은 없었는가? 스스로 돌이켜 보라. 감히 골프로 아내에게 야단칠 일이 어디 있겠는가?

오죽하면 골프 안 되는 이유가 108가지나 있고 그 마지막 이유가 "더럽게 안 되네"일까? 매 라운드마다 싱글 수준을 유지하고 있는 남편들만이 자기 아내의 골프 실력에 이렇다 저렇다 할 자격이 있다고 생각한다.

마치 예수께서 사마리아 여인을 향해 비난을 퍼붓는 광경을 보고 사람들을 향해 너희들 중에 죄 없는 자만이 저 여인에게 돌을 던지라고 한 것처럼. 하긴 요즘은 여성 상위 시대인데다 한국 여자 골프들의 세계적인 위상에 걸맞게 남편들보다 비거리도 더 나가고 공도 더 잘 치는 아내들이 많아 남편들과 같은 티에서 플레이하거나 아내로부터 코칭과 레슨을 받는 남편들이 많다고 한다. 그래서 오히려 남편들이 주눅이 들거나 아내들로부터 비난받는 일이 많다고 할 정도라니 이젠 이런 걱정은 기우 같은 일이긴 하지만….

싱글 골퍼들은 플레이보이?

봄처녀 변덕 같은 골프 감각

흔히들 골프를 사랑하는 마음은 여성을 사랑하는 것과 꼭 닮았다고 한다. 마음에 든 여성을 처음 본 순간 자신의 마음을 빼앗긴 채 온갖 정성과 미사여구를 동원해서 관심을 끌어서 어렵게 꼬신 뒤 마침내 일생을 함께 하는 반려자로 만들었다가 그 놈의 사랑이 자신을 얼마나 구속하는지를 뒤늦게 깨닫지만 더 이상 어쩔 수 없게 되는 것과 같은 것이다. 마음 편히 옆자리에 가만히 붙잡아 두기 힘든 것이 바로 골프 감각이라는 것이다. 장시간 땀과 열성을 쏟아 겨우 찾은 감각을 머리와 근육 속에 깊숙이 숨겨 놓았다고 안도하는 순간 이미 골프 감각은 뒷문으로 도망갈 궁리를 하고 있는 것이다.

마치 주위에 조금 더 멋진 남자가 나타나기만 하면 금세 시선을 빼앗기면서 관심을 그곳으로 돌려 버리고 마는 봄처녀의 변덕 심한 마음과 같다고나 할까?

미모에 빠져 한 두 번씩 눈길을 주는 아가씨에 흐뭇해 하면서 하룻밤을 꼬박 새우고도 그녀를 잊지 못하는 것처럼 18홀 라운드를 하면서 15~16홀 내내 정신 없이 헤매다가도 마지막 한 두 번의 멋진 샷을 날리고는 흐뭇한 마음과 다음 라운딩에서의 기대감에 사로잡혀 골프를 잊지 못하는 골퍼의 신세가 똑같은 것이 아닐까?

이런 골프의 속성으로 나이테가 제법 쌓였음직한 골퍼가 아직도 골프가 왜 잘 안 되는지 잘 모르겠다며 고개를 절레절레 흔드는 경우들을 종종 본다. 평소에 여자의 마음을 얻는 일에는 문외한이라 여자의 섬세한 마음변화를 제대로 읽어 내는 능력이 부족하기 때문이다.

여자의 마음을 얻듯이 플레이하라

그래서 흔히들 목석같은 남자보다는 플레이보이 기질을 갖춘 남자들이 골프를 더 잘 칠 수 있다고 한다. 변덕스럽고 까다로운 여자의 마음을 제대로 파악하고 있어 이를 다루는 법을 알고 있기 때문이란다.

골프에서의 홀 공략은 파 3홀이나 파 5홀이나 상관없이 대개 3단계로 구성되어 있다. 첫 단계는 남자의 강한 힘을 바탕으로 한 드라이버 나 우드 샷 그리고 롱 아이언 샷이며 두 번째 단계는 부드러움으로 대표되는 미들 아이언 샷과 피칭 샷 그리고 각종 어프로치 샷이다.

마지막 단계는 정교하고 섬세함의 극치인 퍼팅이다. 이 세 가지 단계가 완벽하게 조화를 이루고 삼박자가 맞을 때 비로소 홀 정복은 쉬워진다. 플레이보이들이 여성을 공략하는 과정을 자세히 살펴보면 거의 이 과정과 유사함을 알 수 있다.

먼저 1단계로 처음 만나서 남성으로서의 힘과 카리스마를 보여주면서 강하게 밀어붙여 여자가 관심을 보이면 2단계로 관심이 멀어지지 않도록 부드럽게 접근한 다음 마지막으로 섬세한 감성과 터치로 여자 마음을 재빠르게 낚아채서 홀컵 속으로 빠뜨려 버리는 것이다.

한없이 강하기만 하고 부드럽지 못하거나 반대로 부드럽기만 하지 강하지 않거나 하면 여자의 마음을 제대로 잡아 둘 수 없듯이 드라이버 거리는 많이 나가는 데 아이언 샷과 칩 샷이 부드럽지 않거나 아이언 샷은 좋은 데 퍼팅이 섬세하지 않거나 하면 코스 공략의 성공 대명사인 파를 획득하기가 결코 쉽지 않는 것이다.

골프에 관한 한 "이젠 됐다"는 순간은 결코 찾아오지 않는다. 한시도 제자리에 머물지 않고 기회만 있으면 달아나려는 민감한 골프 감각이 마치 봄바람 같은 여성의 마음을 항상 곁에 잡아 두려는 남성의 편치 못한 마음과 같은 것이다.

남편의 불안한 마음을 아내에게 쏟을 수 있도록 꼭 붙잡아두는 센스 있는 아내가 되고 싶지 않은지.

스코어, 스타일 & 스마일

‘

스포츠는 폼이다

멋진 폼에서 멋진 플레이가 나오고 멋진 골프 패션에서 멋진 인생도 나온다. 모든 스포츠는 뭐니 뭐니 해도 폼이 우선이다. 폼이 좋아야 운동하는 모습도 아름답고 멋있어 보이고 실력도 제대로 향상된다. 폼이 모든 운동의 기본이기 때문이다. 특히 여성 골퍼들에게는 골프란 '폼생폼사'라고 할 수 있다.

스윙의 기본인 자세 즉, 폼이 제대로 갖추어 있으면 골프 실력이 발전하지만 그렇지 않을 경우 일정 수준 이상의 발전은 기대하기 어렵다. 신체 특성상 힘으로 치는 남자들과 달리 힘이 약한 여성 골퍼들의 경우 스윙 메커니즘을 제대로 이해해서 이를 최대한 이용해야만 제대로 거리를 낼 수 있기 때문이다.

 흔히 남자는 비거리를 더 내려고 연습을 하고 여자는 폼 잡으려고 연습한다는 말이 있을 정도로 여성 골퍼들에게 있어 폼은 골프를 제대로 치면서 그야말로 폼 잡기 위한 가장 핵심적인 사항이다.

여성 골퍼들이 점차 많아지는 요즈음엔 안정되고 멋진 폼을 갖춘 여성들이 상당히 많다. 어드레스에서부터 백 스윙을 거쳐 피니시까지 모든 동작이나 자세가 거의 프로 수준 같은 여성 골퍼들을 필드에서 많이 만난다.

여성들은 힘에서 오는 신체적인 약점을 잘 알고 있기 때문에 처음부터 겸손한 자세로 티칭 프로가 시키는 대로 열심히 따라 함으로 제대로 된 스윙을 배울 뿐만 아니라 남자들에 비해 코칭 기간이 몇 배 이상 길기 때문에 자신 만의 멋진 스윙 폼이 만들어지는 것이 가능하다.

멋진 스윙 폼에 이어 멋진 골프 패션도 골프가 여성들에게 인기를 얻는 또 하나의 이유가 아닐까 한다. 테니스 패션이라든지 배드민턴 패션, 등산 패션이라는 말은 없어도 골프 패션이라는 말은 있다.

천만 달러 소녀 골퍼였던 미셸 위가 어린 나이와 짧은 경력에도 불구하고 엄청나게 많은 팬들을 몰고 다녔던 것도 바비인형 못지 않은 팔등신 미모와 함께 남다른 골프 패션 감각을 발휘했기 때문이다.

핑크 패션을 선보였던 미국의 폴라 크리머는 핑크색 헤어 리본, 카트 백과 핑크팬더 헤드 커버로 팬들에게 자신의 핑크 이미지를 강하게 각인시키고 있다. 블랙과 솔리드 제품을 중심으로 몸매를 드러나게 하는 핏(fit)된 상의와 함께 짧은 치마를 즐겨 입고 긴 금발머리를 땋고, 그 날의 의상에 맞춰

리본으로 포인트를 주는 모델 수준의 나탈리 굴비스 등 요즘 LPGA 대회장은 마치 야외 패션쇼 무대를 방불케 하는 여성 골퍼들의 멋의 경연장이 되고 있지 않은가?

멋진 패션으로 골프장을 누비다

국내 여자 프로 선수들도 패셔니스타로서 손색이 없을 정도로 멋진 패션으로 경기에 출전하고 있어 국내에서 개최되는 여자 골프 대회마다 수많은 갤러리들이 골프장을 찾아오고 있다.

골프는 단순히 운동 자체뿐만 아니라 운동을 위해 필요한 복장이나 용품들을 통해 멋과 아름다움을 추구하면서 문화적이고 예술적 수준으로까지 승화시키는 매력이 있는 운동이다.

최근 골프 의류와 캐주얼 의류의 경계가 무너지면서 세련된 여성 골프 의류가 최근 여성 의류 시장을 주도하고 있고 다양한 모자와 신발, 액세서리 등과 어울리고 일상생활에서 입어도 손색이 없는 세련된 스타일의 골프웨어들이 여성 골퍼들에게 인기를 얻고 있다. 국내 소비를 진작하고 한국 여성 패션 산업을 진흥하는 차원에서도 이런 소비는 권장할 만하다고 본다.

자연 속에서 혼자 하는 운동도 아니고 그렇다고 몸을 격렬하게 움직이는 것도 아니므로 주위 분들과의 라운딩을 망치게 하지 않는 정도에서 멋과 아름다움을 뽐내면서 라운드를 즐기는 것도 골프만이 갖는 또 다른 멋이라 할 수 있겠다.

아름다운 자연을 무대로 페어웨이와 그린을 카펫 삼아 멋진 패션과 함께 멋진 폼으로 5시간 가량을 뽐내면서 다닐 수 있는 곳이 지구상에 골프장 말고 어디에 있을까? 골프장에서 진정한 여자 고수는 스코어는 물론 스타일까지 지키는 골퍼다. 게다가 스마일까지 갖춘다면….

2015년 한 시즌 동안 우승 7번, 준우승 7번, 상금 22억 원을 획득해 일본 남녀 골프 사상 최고의 상금왕 자리를 차지한 '보미짱', 이보미 프로. 뛰어난 실력에 곱상한 미모, 멋진 패션까지 갖춘 채 볼이 잘 맞든 안 맞든 항상 예쁜 미소를 머금고 라운딩하는 모습 때문에 '스마일 캔디'로도 불리고 있다. 일본에서 인기 연예인 이상의 '신드롬'에 가까운 인기를 누리고 있는 이보미 프로야 말로 여성 골퍼 여러분들의 롤 모델이 되지 않을까?

필드라는 무대의 히로인이 되자

‘

수컷 본능을 자극하는 운동

진화론적인 관점에서 보면 스포츠는 동물의 본능적인 구애 의식과 밀접하게 맞닿아 있다고 한다. 그 가운데 골프와 농구는 볼을 동그란 구멍 속에 넣어야 하는 일종의 수컷 본능을 자극하는 대표적인 운동이다. 둘 다 볼보다 약간 큰 구멍으로 볼을 넣는 운동이긴 하지만 그 의미와 느낌은 매우 다르다.

우선 농구는 볼이 하늘 높이 매달린 채 그물망으로 엮여서 바닥이 뚫려 있는 림(rim)과 그물망 속을 통과하게 되고 그 과정을 모든 선수와 관중들이 고개를 들어 지켜보면서 환희를 느끼게 된다.

특히 촘촘하게 엮어져 연결된 그물을 출렁거리면서 볼이 통과하는 모습은 그냥 림만을 달랑 통과하는 것보다는 느낌이 훨씬 진하고 감칠맛을 낸다.

이에 반해 골프는 홀컵이라는 구멍이 그린 위 땅속에 뚫어져 바닥이 막혀 있는 형태다. 바로 여기에 골프만이 가지는 오묘하고 신비로운 쾌감과 감흥이 다양하게 숨겨져 있다.

첫째, 골프에서의 홀인은 볼이 농구공처럼 림을 그냥 통과해서 그물을 뚫고 다시 빠져나오는 것이 아니라 굴러서 구멍 속을 들어간다는 것이다.

그린 위를 구르던 볼이 갑자기 시야에서 완전히 사라져 버릴 때 마치 블랙홀 속으로 빨려 들어가는 것처럼 느끼는 어떤 전율 같은 것이다. 결정적인 시점에 시도한 퍼팅이 홀인됐을 때 타이거 우즈가 하는 어퍼컷 세리머니를 한번 상상해보라! 마치 수컷이 오랫동안 노렸던 암컷을 마침내 자기 것으로 만들었다는 일종의 성취감 같은 것이 아닐까?

두 번째는 홀컵으로 빨려 들어가면서 매우 청명한 소리를 낸다는 점이다. 매번 컨시드만 받으면서 제대로 된 홀 아웃을 해 볼 기회가 없는 남자 골퍼가 푸념처럼 내뱉는 말이 '똥~'소리를 한번 들어보고 싶다는 것일 정도로 홀 인은 골프만이 주는 쾌감이자 자존감이기도 하다.

남자 골퍼들 사이에 짧은 거리의 볼을 컨시드 받고서도 굳이 퍼팅을 해 보는 이유가 어디 있을까? 실리는 이미 차린 상태에서 실력도 충분함을 보여 주고 싶은 의미도 있지만 그 보다는 마지막 결정적인 행위를 생략했다는 아쉬움과 허전함을 달래보기 위함이 아닐까?

세 번째는 홀 속에 빠져 그대로 있다는 것이다. 파 3홀에서 홀인원을 했거나 생각지도 못한 거리에서 한 칩 샷이나 퍼팅한 볼이 홀 속으로 빨려 들어가 이글이나 버디를 낚고서는 기분 좋게 다가갔는데 컵 속에 앙증스럽게 빠져 있는 볼을 확인하는 순간! 그 기분이란? 그리곤 홀컵 속으로 두 손가락을 뻗쳐 넣어 그 볼을 꺼낼 때의 쾌감이란!

주위에는 좋아하던 골프를 그만 두신 어른들을 가끔 본다. 이유는 나이가 들어 비거리도 줄고 몸도 안 따라주고 해서 재미가 없어졌다는 얘기를 하면서 말이다.

그런데 솔직히 보면 약해진 허리 때문에 매 홀마다 온 그린 후 무조건 투 퍼터 오케이를 받다보니 제대로 된 '똥' 소리를 한 번도 들을 수 없게 된데다 어쩌다 퍼팅이 홀 컵에 들어갔다고 하더라도 그 볼을 손으로 집어 올릴 수가 없어서 퍼터 뒷부분에 꽂아 둔 고무빨판으로 공을 찍어 올리거나 아니면 캐디나 동반자가 집어주는 볼을 건네받기 때문에 그런 것이 아닐까 생각한다.

골프 코스는 여자와 닮았다

흔히 골프 코스는 여성의 몸으로 간주되고 그린은 침대, 홀컵은 특히 신비로운 부위를 의미하고 그 위를 남성의 심벌로 상징되는 볼을 가진 남성이 코스를 공략하는 운동으로 해석한다.

코스 내에 군데군데 숨겨져 있는 각종 난관들을 어렵사리 통과하여 마침내 그린 위에 도착한 볼이 멋진 피날레를 위해 힘차게 그리고 때론 부드럽게 굴러 가다가 홀컵을 만나는 순간, 마치 자궁 속으로 빨려들 듯 홀컵 속으로 사라져 버리는 모습이란.

그것도 '또~옹' 이란 황홀하면서도 오묘한 소리를 내면서 말이다. 토미 아머는 "골프 코스는 여자와 닮았다. 다루는 솜씨에 따라 나를 즐겁게도 하고 때론 한없이 거칠어지기도 한다"고 했다.

필드라는 무대의 주연이신 여성 골퍼들이여! 이 즐겁고 멋진 도전을 남편이 아내가 아닌 애인과 즐기게끔 내버려두고 뒷전에 마냥 앉아 있을 수만 없지 않은가?

산소 같은 건강 미인

생명의 시계, 텔로미어

인간이 늙어 죽는다는 것을 생체학에서는 몸 속 세포가 노화로 산화된다고 표현한다. 인간에겐 모두 23쌍, 46개의 염색체가 있는데 끝부분에 텔로미어라고 하는 생명의 시계 역할을 하는 세포들이 있다. 나이가 들수록 이 텔로미어가 잘려지는데 그러면 결국 죽게 된다는 것이다. 따라서 오래 살려면 생명의 기초 단위인 세포를 건강하게 살려 줘야 한다는 것이다. 우리가 마시는 산소 중에 포함된 악성 산소는 세포의 텔로미어를 잘라먹는데 이를 산화라고 하고 산화를 방지하는 것을 항산화라 한다. 우리가 매일 마시고 있는 실내 공기의 약 7%는 악성 산소이며 서울 시내의 공기에도 약 10%의 악성 산소가 포함되어 있다고 한다. 이에 반해 높은 산속, 숲이 우거진 곳으로 가면 나무에서 발생해 나오는 음이온이 작용, 악성 산소를 없애 주는 역할을 해서 악성 산소의 양이 거의 제로수준에 가까워 진다는 것이다.

즉, 공기가 맑다는 것은 이런 악성 산소가 적다는 것이다. 다행히 우리나라는 국토의 70% 이상이 산악이라 골프장 대부분이 대도시에서 멀리 떨어진 깊은 산자락에 만들어져 있다. 골프장 건설 비용은 다소 많이 들지만 골프장 입지 여건은 대단히 좋은 편이다.

깊고 높은 산속 나무 잎들에서 뿜어내는 수많은 피톤치드를 마음껏 마실 수 있어 최소 4시간 반에서 5시간 가량 삼림욕을 효과를 보게 된다.

초록샤워(Green Shower)라고 할 정도로 우리 몸을 정화해 주는 삼림욕은 최근 독일, 일본이나 러시아 등 외국에서는 새로운 건강 요법으로 각광 받고 있으며 국가가 의료보험제도를 통해 삼림욕 치료법을 적극적으로 권장하고 있을 정도다.

골프 라운딩과 함께 즐기는 삼림욕

피톤치드는 노벨의학상을 받은 미국의 세균학자 셀먼 왁스만에 의해 1943년 발표된 물질로 식물이라는 뜻을 가진 러시아어인 피톤(Phyton)과 죽이다라는 뜻의 치드(Cide)로 만든 합성어다.

우리가 숲 속에서 쉽게 맡을 수 있는 상쾌하고 향긋한 냄새가 바로 피톤치드인데 움직일 수없는 식물로서는 각종 곤충이나 해충으로부터의 공격에 대항하여 줄기와 잎을 보호하는 작용은 물론, 다른 병원균에 대해서는 살

충과 살균 작용까지도 스스로 하지 않으면 안 되는 상황에서 자생적으로 만들어 낸 물질이라고 한다.

피톤치드가 우리 인체 내에 흡수되면 피부를 자극해서 활성을 높여 주고 혈액 순환과 호르몬 분비 등을 통해 신진대사를 돕는다. 특히 자율신경을 조절해 심신을 안정시키고 정신의 집중력을 높이는 효과가 있다고 한다.

게다가 울창한 숲 속 계곡에서 쏟아져 나오는 음이온은 혈액을 약알칼리로 만들어 혈액을 맑게 할 뿐만 아니라 특히 교감신경을 안정시켜 긴장과 스트레스를 해소시키는 역할을 한다. 숲 속에 가면 마음이 안정되고 정신 집중이 높아지는 것은 이러한 이유 때문이다.

피톤치드는 5월에서 8월 사이 그리고 해가 뜨는 오전 7시 경에 가장 활발히 발산된다고 한다. 따라서 오전 라운딩 시간이 삼림욕하기 좋은 시간이라고 한다. 그리고 활엽수보다는 침엽수에서 피톤치드가 더 많이 나온다고 하니 가능하면 골프장 주위에 소나무, 잣나무, 전나무 등 침엽수가 많은 골프장에서 라운딩을 권장한다.

요즘 여러 가지 질병으로 고통 받는 여성들이 건강을 위해 삼림욕하러 일부러 산을 찾는 경우가 많은 데 여성 골퍼들은 골프를 즐기면서 이런 건강과 행운을 또 누릴 수 있다니 얼마나 다행일까?

세계 여자 골프계를 석권한 '우친딸'

‘

30년 만에 세계 여자골프의 중심으로

"여자가 골프는 무슨 골프야?"

이런 비아냥을 온 몸으로 감수하면서 1978년에 처음 결성된 KLPGA는 구옥희, 고우순, 강춘자 등의 선수로 출발했다. 이후 IMF 금융 위기로 전 국민이 실의에 빠져 있던 1998년, 박세리 선수가 맨발의 투혼으로 US여자오픈에서 우승컵을 들어 올리면서 당시 12살 전후의 초등생이었던 88년생 여자 아이들에겐 여자 프로골퍼의 꿈을, 그리고 국민들에겐 경제 위기 극복의 희망을 심어 주었다.

유소연, 서희경, 안선주, 이보미, 김세영 등 일명 박세리 키즈들이 대거 쏟아져 나오면서 한국 여자 골프는 세계 여자 골프계를 뒤흔들기 시작했다.

이후 한국 여자 골프 4.0세대라 일컫는 황금세대인 90년대 초반생 골퍼들인 전인지, 김효주, 장하나, 백규정, 이정민 등이 추가로 합류하면서 2015년 벽두부터 세계 여자 골프계를 또 한 번 놀라게 했다. 한국 여자 골프는 이제 세계 여자 골프의 중심이 됐다.

불과 30년 만에 KLPGA가 눈부시게 성장하기 시작하자 위기 의식을 느낀 LPGA에서는 한국 선수들의 대거 유입을 차단하기 위해 다양한 태클 장치를 마련하려고 했다. 코스 전장을 훨씬 길게 연장하고 한국 선수들을 대상으로 영어 테스트를 도입하려고까지 했다.

하지만 그런 견제 속에서도 한국 여자 골퍼는 부모들의 헌신적인 후원 아래 과학적이고 체계적인 훈련과 한국 여성 특유의 승부 근성과 자신감으로 2015년 기준 총 상금 600억 원, 대회 수 33개의 세계에서 제일 큰 LPGA시장과 총상금 100억 원에 대회 수 37개의 세계 두 번째로 큰 JLPGA시장까지 휩쓸면서 더욱 눈부신 성장과 비약적인 발전을 계속해 가고 있는 중이다.

세계 여자 골프 역사를 새로 쓰다

국내외 언론사들의 주요 기사들을 통해 승승장구하는 요즈음의 한국 여자 골프계의 위상을 다시 한 번 확인할 수 있다.

"세계 여자 골프계를 주도하고(싹쓸이하고) 있는 한국 여자 골프"

"LPGA 챔피언십대회가 미국 대회인지 한국 대회인지 헷갈릴 정도다"

"자고 나면 우승 소식을 전해주면서 새로운 역사를 써가는 한국 여자 골프"

“LPGA 11연승과 총 33경기 중 우승 확률 50%를 능가한 한국여자골프”

“세계 여자 골프 TOP 랭킹 50위 중 25명이 한국 선수들이 차지하고 있다.

“한국이 여자 골프 월드컵이라 불리는 국가 대항전 인터내셔널크라운대회
에서 미국을 제치고 당당하게 1번 시드를 받았다.”

“LPGA투어 신인상 랭킹 TOP 10명 가운데 7명이 한국계 선수다”

“2014년 일본 여자 골프(JLPGA)상금랭킹 1위에서 3위까지가 한국 선수다”

“2014년 한국 여자 골퍼가 벌어들인 상금 수입만 250억 원 넘어”

“한국 여자 선수들을 빛내 주는 특급 조연, 미국 골프계의 여왕이자 상금
랭킹 1위인 스테이지 루이스”

“PGA에서 미국 남자골퍼들의 위상을 뛰어 넘는 LPGA 한국 여자 골퍼들”

“한, 미, 일 3개국 여자 골프 투어 한 시즌의 메이저대회 우승, 진기록 수
립”

“세계 여자 골프 명예의 전당에 한국 선수 2명 입성” 등등

이렇듯 세계 여자 골프계를 엄청 놀라게 하면서 새로운 역사를 써가는 이
들이 도대체 누구인가?

바로 여성 골퍼, 여러분들의 ‘우친딸’, 우리 친구 딸내미들이 아닌가?

세계 최고의 명품, 한국 캐디

‘

한 편의 예술 같은 멀티태스킹 쇼

평소 자기주장과 개성이 너무 강해 난생 처음 가는 해외 여행지에서도 안내를 맡은 전문 가이드를 끝까지 따르는 사람이 한 명도 없다고 할 정도로 개인 플레이 잘하기로 유명한 한국인들.

그런 한국 사람 4명으로 구성된 한 팀을 상대로 장장 네댓 시간 동안 라운딩 시작부터 매 홀마다 팀 간 간격까지 착착 맞춰가면서 캐디 혼자 무탈하게 마무리한다는 것이 과연 가능한 일일까? 그런 모습을 보면 세계적인 유명 서커스단이나 마술팀보다 더 멋지고 훌륭한 공연이자 예술적 행위 같다는 생각이 들기도 한다.

라운딩 중에 한국 캐디들이 보여주는 멀티태스킹 서비스 쇼는 세계 어느

나라 캐디들도 감히 흉내낼 수 없는 놀라운 환상의 묘기라 하지 않을 수 없다.

캐디들은 첫 홀 티잉 그라운드에 오르기 전에 4개의 골프백을 카트에 실으면서 이미 4명 플레이어들의 이름, 신분과 직업, 서로 간의 관계는 물론, 개인별 성격과 플레이 성향, 사용하는 다양한 클럽까지 얼추 파악한다.

본격적으로 라운딩이 시작되면 개인별 드라이버 샷의 비거리, 아이언 샷의 거리, 칩 샷에 즐겨 쓰는 클럽, 벙커샷 클럽 등을 파악하기 시작하고 개인별 핸디캡과 구질이 어떤지 금세 파악했다가 서비스한다. 이런 가장 기본적인 내용을 시작으로 한국의 캐디들이 라운딩 중 필드에서 행하는 환상의 묘기들을 적어보자.

숲 속으로 사라진 OB볼과 덤불 속으로 사라진 분실구 찾아주기. 해저드에 빠진 볼 건져주기. 옆 홀로 날아가는 볼 향해 "뽀올~"이라고 큰소리로 고함친 후 볼맞을 위험을 감수하고 주워오기, 그린 주위에서 냉온탕을 반복하다가 놓고 간 정신없는 손님의 클럽이나 퍼팅 커버, 장갑 챙겨주기, 한 번 만에 탈출할거라고 욕심을 내다 난장판으로 만든 그린 주위 모래밭 깨끗이 정리하기.

캐디들의 일은 여기서 끝나지 않는다. 두 세 차례 연습 스윙까지 하면서 페어웨이에 정신 없이 파 놓은 디보트 자국 메우기, 홀마다 멀리건과 오케이 받은 것까지 모두 감안해서 스코어 기분 나쁘지 않게 기록하기, 그늘집 가까워 오면 준비된 식사와 음료수 종류를 읊어주면서 뭘 먹을지 물어보고 사전 예약하기, 게다가 라운딩 끝내고 식사하러 갈 골프장 근처 맛 집까지 알려주기, 동반자들 내기 금액을 일일이 수금해서 현금 봉투나 빨래집게로 모아두기.

정말 이것이 캐디 한 사람이 다 할 수 있다는 사실이 놀랍지만 우리 캐디들의 묘기는 여전히 계속된다. 조커를 끼운 게임에서 조커가 파인지, 보기인지, 이번 홀이 스킨스 홀인지, 라스베가스 홀인지, 아니면 후세인 홀인지, 게임 룰 알아서 매 홀 끝날 때마다 준비한 뽑기 통 흔들어주고 이긴 조에게 다음 홀 티 업하기 전까지 시상 끝내기, 게다가 배판까지 잊지 않고 기억했다가 실수 없이 챙겨주기 등등.

변화무쌍하게 진화하는 한국 골프 게임

하루가 다르게 변화무쌍하게 변종에 변종을 만들어 내는 바람에 한국에서 골프를 제법 쳐 본 외국인들마저도 이해하기 어렵다고 고개를 절레절레 흔드는 OECD 게임 조건을 훤히 꿰뚫고 있다가 칼같이 벌점 금액 매기고 벌과금 제대로 환수하기, 퍼팅 시마다 볼 깨끗이 닦아 퍼팅 라인 감안해서 볼 놓아주고는 왜 그렇게 놓았는지 설명 해주기, 파 3홀에서 동반자들 다 모인 데서 알려준 거리인데도 "언니! 거리 얼마라고 했지?" 하면서 두 번, 세 번 또 물어 보는 치매 끼 많은 골퍼들에게 반복해서 답해주기. 그것도 짜증내지 않고 친절하게.

페어웨이 한가운데 딱 서서는 한 발짝도 움직이지 않으면서 클럽 잘못 가져 왔다고 다시 바꿔 달라고 하는 진상 골퍼의 황당 요구에 군말 없이 카트로 급히 가서 요청한 클럽 다시 갖다 주기, 거리와 방향을 물어 봐 실컷 알려

졌는데도 온 그린 안됐다고 거리 잘못 불러 줬다고 우기면서 캐디 탓하는 진상 골퍼의 원망을 참고 인내하며 들어주기.

동반자들 볼이 전부 온 그린하면 핀 뽑고, 홀 아웃하면 핀 다시 꽂으면서 뒤 팀에게 인사하기, 또한 골프 규칙에도 금지되어 있는 그린에서 볼을 닦아 라이까지 보고 공 놓아주기. 게다가 라운딩 후 4인의 총 클럽 56개를 깨끗이 닦아 바뀌지 않게 백 속에 꽂아주고 커버까지 씌워주기, 비라도 내린 날에는 물 묻은 우산 닦는 것은 물론, 그립마다 신문지나 종이로 젖은 그립 일일이 씌워주기, 차량번호 불러 받아 주차장까지 직접 가서 차 트렁크에 백 얌전히 실어주기까지.

기네스북에도 등재되고 역사에 길이 남을 기록이자 세계적인 최고의 명품이 아닐까? 이런 한국 골프장의 여성 캐디야말로 한국 여성들이기에 가능한 역할이자 강점이다.

한국 여자 파이팅! 명품 캐디 파이팅!

내 골프백 바닥에 스티커가?

자동차 운전자들이 함정 교통 단속을 하는 교통경찰의 단속 정보를 공유하기 위해 헤드라이트를 깜빡거리는 방법으로 신호를 보냈던 것처럼, 항상 을의 입장에서 고생하는 캐디들은 자신들이 모시는 손님이 진상 골퍼라는 사실을 동료 캐디들에게 알려주기 위한 방법이 바로 골프백 바닥에 스티커를 붙여놓는 것이라 한다. 부부 골퍼들이여, 혹시 자신의 골프백 바닥에 '진상 골퍼'라는 닉네임의 스티커가 붙어 있지 않은지 한 번 확인해 볼 일이다.

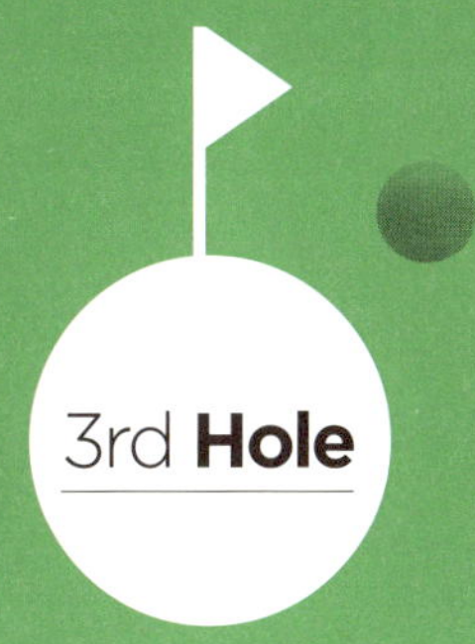

3rd Hole

골프로 써 가는 인생드라마

골프가 인생이고 인생이 골프다

7전 8기의 인생살이 같은 골프

"골프를 보면 볼수록 인생을 생각하게 되고 인생을 보면 볼수록 골프를 생각하게 한다."

골프의 달인 헨리 롱허스트가 한 말이다. 오직 골퍼의 처분만을 기다린 채 가만히 놓여 있는 계란 크기만도 못한 볼 하나에 운명을 걸고 때로는 한 번의 나이스 샷에 한없이 기뻐하고 때로는 어처구니없는 미스 샷으로 낙담하고 자신을 질책하면서 18번째 홀까지 최선을 다하는 골프 게임은 마치 7전 8기의 우리네 인생살이에 곧잘 비유된다.

헤드 업을 하는 바람에 슬라이스가 나서 도로를 맞은 볼이 굴러서 핀 바로 옆에 멈춰 생각지도 못한 버디를 낚아 동반자들의 부러움을 한 몸에 받을 때면 인생이란 가끔은 행운이 있어야 함을 알게 된다.

드라이버 샷을 잘 쳐 놓고서도 버디 욕심에 세컨 샷에 힘이 잔뜩 들어가는 바람에 볼이 해저드에 들어가 버디는커녕 겨우 보기로 홀 아웃하고 속상해 하면서 잘 나갈수록 겸손해야 함을 뼈저리게 느끼게 된다.

라스베이거스 게임을 하면서 자신은 OB를 냈음에도 불구하고 동반자의 멋진 버디로 게임을 이겨 졸지에 돈을 따게 되면 인생에서 동반자를 잘 만나는 것이 얼마나 중요한지 체험하게 된다.

첫 드라이버 샷에서부터 헤매기 시작해서 아이언 샷은 물론 칩 샷마저도 연이은 실수로 3타 만에 겨우 프린지에 올린 뒤 보기로 막으면 다행이라는 생각으로 샷한 볼이 거짓말처럼 홀컵 속으로 빨려 들어가 파 세이브를 하게 될 때는 인생이란 결코 중도에 낙담하거나 포기해서는 안 됨을 새삼스럽게 배운다.

그린 옆 깊은 벙커에 빠져 있는 볼을 마치 PGA프로들처럼 한 번 만에 핀에 붙일 욕심으로 무리한 샷을 시도했다가 서너 번 만에 겨우 벙커를 탈출하여 더블 보기를 하고서는 자신의 무모함을 항상 불운으로 탓했던 경우는 또 얼마나 많았던가.

드라이버가 잘 맞았다고 생각한 볼이 불운하게도 페어웨이 옆 도로를 맞고 두 번씩이나 튀면서 OB 지역으로 사라지는 모습을 보면서 캐디를 비롯한 동반자들의 안타깝다는 동정의 함성이 마치 비아냥거리는 소리로 들릴 땐 나의 불행이 남의 행복임을 새삼 확인하게 된다.

18홀 내내 냉 온탕을 밥 먹듯이 왔다 갔다 하면서 헤매다가 마지막 홀에서 어렵게 잡은 버디 하나로 그간의 고충과 마음고생을 까마득히 잊고서는 행복은 지극히 조그마한 데서 비롯됨을 깨닫게 된다. 자신의 깔끔한 파에 만족해하다가 동반자의 보기성 파에 오히려 기분이 상하고 나의 더블보기로 언짢았던 기분이 동반자의 '양파'로 봄눈 녹듯 사라지는 것을 느끼면서 인간이 얼마나 치졸하고 간사한 속물인지 알게 된다.

18홀이 만들어내는 대하드라마

골프는 자신과의 싸움이자 한편으로는 자연과의 싸움이며 한 인생을 살아가면서 겪게 되는 인간 한계를 적나라하게 드러내 줌으로써 그것을 극복하고 다시 도전하게 만드는 운동이다.

골프만큼 삶의 깊이를 생각하게 해주는 운동도 많지 않다. 작은 욕심과 작은 콤플렉스는 자신을 발전시킬 수 있지만 많은 욕심은 자신을 파멸시킬 수 있다.

골프를 제대로 즐기려면 큰 욕심을 버리고 겸손해야 한다. 14개의 클럽과 18개의 홀, 그 속에 잔디와 모래, 나무, 풀, 연못과 호수와 바다, 언덕과 바위, 바람과 안개와 비와 그림자, 더위와 추위, 그리고 33개 조의 룰과 규칙과 에티켓, 마지막으로 동반자와 캐디. 네댓 시간 동안 이들이 서로 얽히고 설켜서 만들어내는 한편의 대하드라마는 기쁨과 감동, 슬픔과 좌절, 그리고 휴머니즘과 로맨스 등이 총 망라되어 있기 때문이다.

골프의 18홀 속에는 자신의 핸디캡과 함께 또 한편의 인생 드라마처럼 파란만장한 인생 역정이 고스란히 담겨 있다.

골프의 아바타, 올드 맨 파 ^{Old man par}

경쟁자가 아닌 동반자

인간이 만든 경기 대부분은 경기 방식이 경기에 참가한 상대방과 상대적 실력을 겨루도록 되어 있다. 축구를 비롯해서 야구, 농구, 테니스 등 대부분의 경기들이 그렇다.

이에 반해 골프는 다른 플레이어를 상대로 경쟁하는 경기가 아니다. 경기에 참여한 상대방을 경쟁자가 아닌 동반자라고 부르는 것부터가 이것을 증명해주고 있다. 골프란 어떤 상대(사람)가 아니라 어떤 목표(수준)과 경쟁을 하는 것이다. 그 목표는 바로 '파(par)'다.

골프 용어 중에 '올드 맨 파^{Old Man Par}'라는 것이 있다. US오픈 네 차례, 브리티시오픈 세 차례, 그리고 US 및 브리티시아마추어대회에서 다섯 차례나 우승을 했던 보비 존스가 만든 용어다. 골프는 상대방이나 경쟁자와 함께 하는 것이 아니라 골프 코스의 '파'라고 하는 가상의 존재와 플레이하는 경기라는 의미다.

흔히 파 3홀에서 티 샷한 볼을 온 그린시키지 못했다고 아쉬워하거나 혹은 온 그린했다고 기뻐하는 골퍼들이 많다. 그러나 이것은 잘못된 생각이다. 파 3홀에서는 파를 잡는 게 목적이지 온 그린시키는 것은 어디까지나 과정이자 수단이기 때문이다. 물론 온 그린시키면 어디나 파를 잡을 기회가 많은 것은 사실이지만 반드시 파를 잡는다는 보장이 없다.

그럼 '파'란 무엇인가? 미국골프협회(USGA)의 정의를 보면 "숙련된 골퍼가 주어진 홀에서 기록할 것이라고 예상되는 스코어, 즉 평상적인 날씨 조건 아래 그린 위에서 두 번 퍼팅하는 것을 전제로 실수 없이 플레이를 했을 때 기록할 수 있는 점수"라고 되어 있다.

좀 더 구체적으로 접근해 보자. 어떤 홀에서 파를 잡으려면 티잉 그라운드에서 시작해서 그린 위 10.8센티미터 크기의 한 공간에 정해진 타수만큼의 샷 기회를 이용해 한 번의 실수 없이 플레이를 마치는 수준을 말한다. 파 4홀의 경우, 첫 번째 샷인 드라이버가 잘 맞아 상당한 거리를 날아 페어웨이에 떨어져야 하고 두 번째 아이언 샷은 방향과 함께 정해져 있는 각 아이언 거리를 날아 그린 위에 올라야 한다.

그리고 첫 퍼팅한 볼은 최소한 홀컵 1~2미터 이내의 거리에서 멈춰야 하며 두 번째 퍼팅은 홀컵 속으로 무조건 들어가야 하는 수준을 말한다.

이 과정에서 OB, 해저드, 벙커, 러프, 뒤땅, 토핑, 쌩크, 홀컵 돌아나오기 등 다양한 장애물들이 각처에 도사리고 있다. 이런 수많은 장애와 난관을 극복해야만 얻을 수 있는 것이 '파'다.

18홀 내내 이런 수준을 유지하기가 결코 녹녹치 않다. 이런 기준에서 본다면 버디란 탁월한 수준, 보기란 보통 수준이라 할 것이다. 로우 싱글 골퍼란 18홀 대부분을 이처럼 숙련되게 플레이하는 골퍼를 말한다.

인간과 경쟁하지 말고 코스와 경쟁하라

골프에는 핸디캡이란 것이 있어 보통 수준의 골퍼를 숙련 수준으로 조정할 수 있다. 만약 핸디캡이 18이라면 매 홀에서 파가 아닌 보기만(보통 수준의 플레이만)하더라도 자신의 핸디캡을 감안해 볼 때 숙련 골퍼가 된다. 따라서 라운딩을 하면서 동반자의 스코어에 신경 쓰기보다는 매 홀마다 매겨져 있는 핸디캡과 코스의 상태 그리고 그 날의 핀 위치에 따라 공략방법과 전략을 수립, 오로지 파를 공략하는 데 신경을 써야 한다.

골프 대회에 참가한 프로들이 하는 인터뷰에서 제일 많이 하는 얘기가 "제 스코어만 신경 쓰면서 자신만의 플레이를 하겠다"는 것이다.

"결코 인간을 상대로 플레이하지 말고 자기 자신과 코스와의 경기만으로 플레이하라. 오직 '올드 맨 파'와 경쟁하고 승부하라."

끝까지 아마추어 신분으로 남아서 당대 최고의 프로 골퍼들을 물리치고 메이저 대회를 석권했던 보비 존스가 세계 최고가 될 수 있었던 이유도 매 경기마다 프로 골퍼가 아니라 바로 '올드 맨 파'를 자신의 경쟁 상대로 삼았기 때문이라고 했다.

골프와 생선회의 '참맛'

‘

재미와 경기력의 상관 관계

골프란 핸디캡, 즉 타수를 줄이는 운동이다. 골프에서 티 샷을 잘 못해서 볼이 숲 속으로 들어가 분실구가 되든지 해저드에 빠지든지 해서 실수를 하게 되면 벌타를 먹게 되고 결국에는 스코어가 나빠지게 된다. 또한 볼이 벙커나 러프 지역에 떨어지게 되면 탈출하기가 쉽지 않아 타수를 까먹게 된다. 이런 이유 때문에 "지나친 거리 욕심을 내기보다는 안전한 플레이를 중시하는 골퍼가 돼야 한다"고 말하면 많은 초보 골퍼들은 "골프는 드라이버로 빵 때리는 맛에 치는 것인 데 이렇게 쫀쫀하게 플레이하라고 하면 어떻게 골프의 참맛이 나겠느냐"며 반박을 많이 한다. 골프다이제스트사에서 국내 골퍼들 대상으로 설문조사를 실시한 적이 있다. 이들은 경기력의 중요한 요소로 퍼팅, 숏 게임, 드라이버 샷 그리고 멘탈의 순으로 답했으나, 재미를 느끼는 순간에 대한 질문에서는 멀리 친 드라이버 샷, 온 그린한 아이언 샷, 롱 퍼팅 성공, 그리고 멋진 칩 샷 순으로 답했다고 한다. 재미와 경기력은 상관 관계가 없다는 의미다.

여기서 골프의 참맛이 과연 그런 것인지를 제대로 그리고 쉽게 알 수 있게 회 맛과 연결해서 설명해 보려 한다. 골프엔 네 단계의 맛이 있다.

첫 번째 맛은 드라이버로 250~260야드 정도의 거리로 날려 보내면서 옆에서 지켜보던 동반자와 캐디로부터 '나이스 샷'이라는 함성과 함께 멋진 포물선을 그리며 날아가던 볼이 페어웨이 한가운데에 떨어지는 것을 지켜보면서 느끼는 그 기분이다. 스트레스를 시원하게 한방에 풀어 주는 시원한 맛이다. 그러나 이 맛은 마치 일생에 회를 처음 맛본 사람이 해삼이나 멍게 특히 아나고 회를 고추장에 찍어 먹으면서 "회 맛 좋~다"고 외치는 것처럼 전형적인 초보자들이 아는 맛이다.

두 번째 단계의 맛은 페어웨이나 러프 지역에서 한 세컨드 샷이 그린에 바로 올라 동반자로부터 '나이스 온' 이라는 축하를 들으면서 클럽을 캐디에게 건네주고 퍼터를 건네 받아들고 그린을 향해 걸어갈 때 느끼는 기분이다. 이를 회 맛으로 비유한다면 참치를 소금 뿌린 참기름장에 찍어 먹으면서 회 맛은 바로 이런 맛이야 하고 떠드는 수준이다.

세 번째 단계의 맛은 그린 주위에서 칩 샷이나 벙커 샷 한 볼이 홀컵 주위로 굴러가 컨시드를 받을 수 있을 정도의 거리에 붙여 동반자들로부터 '나이스 파'로 축하받으며 파 세이브를 하는 경우다.

캐디가 주워서 닦아 준 볼을 받아 들고서는 먼저 온 그린 시킨 동반자들이 라인을 확인하느라 그린 여기저기를 바쁘게 움직이는 것을 지켜보면서 느끼는 기분이다. 회 맛으로 치면 싱싱한 도다리나 광어를 참기름과 다진 마늘을 양념으로 버무린 된장에 한 점 찍어 한 입 깨물 때 느끼는 바로 그 맛이다.

260야드 드라이버보다 짜릿한 3미터 퍼팅의 맛

그럼 최고 단계인 4단계 골프 맛은 무엇일까? 먼저 회 맛으로 표현하자면 일본산 기코만 간장에다 와사비를 풀어 둔 양념장에다 싱싱한 돌가자미(이시가리)나 돌돔을 한 점 찍어 먹는 바로 그 맛이라 할 것이다. 핀에서 3~4미터 정도 떨어진 곳에서 퍼팅한 볼이 홀컵으로 빨려 들어가면서 버디나 보기성 파를 낚아 내는 바로 그 맛이다. 왜 260야드의 드라이버 샷보다 3미터의 퍼팅이 더 맛있다고 하는가?

첫 샷이라 상대적으로 긴장감이 적은 260야드의 드라이버 샷보다 실패 시 더 이상 만회할 기회가 없는 절박한 처지에 놓여 부담감이 최고조에 달한 상황에서 집중해서 시도한 퍼팅이 성공했을 때 느끼는 짜릿함이 훨씬 더 크기 때문이다.

더 이상 보기 어렵게 되어 아쉬움이 크지만, 퍼팅을 성공시키고 나서 호랑이처럼 포효하는 타이거 우즈의 힘찬 어퍼컷 세리머니를 상상해 보라! 그가 멋진 드라이버나 아이언 샷을 하고 어퍼컷 세리머니를 한 적이 있었던가?

맛있는 골프, 멋있는 골프

골프의 규칙, 제1장

신은 인간을 만들었다. 그런데 인간은 골프를 만들었다. 한 골퍼가 한 주에 딱 3일씩만 골프를 치게 해 달라고 신께 기도했다. 기도를 들은 신은 "차라리 네가 신 해라"라고 응답했다고 할 정도로 골프는 재미있고 즐거운 운동이다.

하지만 골프의 진정한 즐거움을 느끼려면 골프의 맛과 멋을 함께 느낄 수 있어야 한다. 골프의 맛은 실력에서 오고 멋은 매너와 에티켓에서 온다. 골프의 맛은 자신이 투입한 노력의 과정과 결과를 자신이 느끼면서 만족해하는 것이고 골프의 멋은 동반자들이 느끼면서 만족해하는 것이다.

맛있는 골프는 내가 즐겁고 멋있는 골프는 동반자들이 즐거운 것이다.

따라서 맛과 멋이 있는 골프란 나와 동반자가 함께 즐기는 골프를 말한다.

1949년 영국의 R&A클럽과 미국골프협회(USGA)가 공동으로 세계 공통의 골프 규칙인 'The Rules of Golf'를 제정하면서 제 1장에 코스에서의 예의에 관한 내용들을 담아 두었다.

안전 확인을 포함해서 플레이어가 어드레스를 하거나 공을 치고 있는 동안에는 누구도 움직이거나 말을 해서도 안되고 홀 근처나 플레이어 바로 뒤에 서 있어도 안된다고 규정되어 있다.

디보트가 생기면 떨어져 나간 잔디를 제자리에 놓고 밟아 주어야 하고 그린에서는 자신이 친 볼로 인해 피치 마크가 생기면 수리해야 하고 벙커에서는 볼 자국이나 발자국을 정리하고 나오도록 되어있다.

또한 볼이 온 그린하면 가장 먼저 해야 하는 것이 자신의 볼을 자신이 직접 마크하는 것이다. 상대방의 퍼트 라인을 밟지 않아야 하며 퍼팅 라인에 그림자가 드리우지 않도록 주의해야 한다. 홀컵 가까이에 볼을 떨어뜨린 골퍼가 핀을 뽑아 주고 먼저 홀 아웃을 한 골퍼가 핀을 꽂아 주는 것이 멋있는 골프다.

지키기 쉬운 데 이를 소홀히 하여 멋있는 골프를 하지 못하는 몇 가지를 적어본다. 티 박스에서 부득이 연습 스윙을 해야 할 때는 방향이 절대로 동반자들이 있는 쪽으로 향하지 않도록 해야 한다. 사격장에서 사선에는 사격하는 사람(사수)만 올라가야 하고 총을 소지한 사람은 총구를 사람 있는 방향으로 절대로 향하지 못하게 하는 이치와 똑 같다.

첫 홀에서 아너(Honour)가 되어 티 샷을 하게 될 경우 "제가 먼저 치겠습니다"라는 간단한 인사말을 건네면서 샷을 시작하는 것도 멋진 아너의 모습이다.

맛은 실력에서 오고 멋은 매너에서 온다

특히 요즘은 모든 골퍼들이 스마트폰을 소지하고 필드에 나타난다. 깜박해서 드라이버는 놓고 오더라도 스마트폰은 반드시 챙겨 와야 비로소 티 업을 한다고 할 정도다.

바쁜 시간을 쪼개서 골프를 즐기려다보니 어쩔 수 없는 상황이라 충분히 이해는 하지만 필드에서는 무조건 무음으로 하고 부득이한 경우에도 통화를 최소한으로 하는 스마트폰 매너를 지켜야 한다.

요즘 국내 식당에 가면 식탁에 마주 앉은 부부나 연인들이 고개를 떨군 채 스마트폰으로 뭔가를 하고 있는 모습을 종종 볼 수 있다. 심지어는 대화마저 카톡으로 대신할 정도로 스마트폰이 정겹고 단란했던 우리 식당을 적막강산으로 만든 지 오래다.

머지않아 골프장에서도 이런 상황이 연출되지 않을까 심히 걱정스럽다. 지금부터라도 골프장에서의 올바른 스마트폰 사용 문화를 만들고 지켜가야 한다고 생각한다.

우리나라 사람들의 기질이나 국내 골프장 여건이나 환경, 그리고 골프의 특성을 종합해 볼 때, 국내에서는 현재 1인 플레이를 허용하는 골프장은 없으며 아마 앞으로도 없을 것이다. 동반자와 함께 해야만 하는 골프를 제대로 즐기려면 맛과 멋이 함께 어우러진 골프를 해야 하지 않을까?

레이디스 & 젠틀맨

‘

심판 없는 유일한 경기

골프는 심판이 없는 유일한 경기다. 오직 플레이어 자신의 자주적인 행동과 규율에 의해 경기가 운영된다는 것을 의미한다. 이는 골프가 규칙과 에티켓을 중요시하는 스포츠임을 의미한다.

모든 규칙은 "골프를 치는 사람은 무조건 신사요, 숙녀"라는 전제 하에서 제정, 운영되고 있다. 심판이 없는 운동이기에 플레이어에게 더 많은 규칙 준수 의무와 책임감이 뒤따르는 운동이다.

국민적 영웅으로 추앙받던 영국의 프로골퍼 에이브 미첼은 "매너가 첫째이고 스코어는 둘째다. 이것이 골프의 헌법이다" 라고 했을 정도다.

골프는 엄격한 룰과 규칙이 있기에 심판이 없어도 공정한 플레이가 가능한 운동이다. 실제로 경기 규칙에 에티켓을 맨 먼저 규정하고 있는 운동은 골프 밖에 없을 정도로 골프는 에티켓과 매너를 생명으로 하는 운동이다. 하지만 안타깝게도 우리가 골프를 배우면서 자동차 운전면허증처럼 시험공부를 해서 자격증을 취득하지 않다보니 제대로 된 규칙을 배우지 못하고 골프를 시작하는 사람들이 많은 실정이다.

공정한 플레이어를 하기위해 플레이어가 알고 지켜야 할 세 가지 원칙이 있다. 일반 골퍼가 이 세 가지 원칙만 잘 알고 있다면 라운딩을 하면서 규칙을 위반하는 일은 없을 듯하다.

첫째, 코스는 있는 그대로 플레이해야 한다.
둘째, 볼은 놓인 상태 그대로 플레이해야 한다.
셋째, 이렇게 하지 못할 경우에는 공정하게 플레이해야 한다.

골프장에서 매겨지는 다양한 벌타 규정 또한 세 번째 원칙을 제대로 적용하기 위해 만들어진 것으로 벌타 수에 따라 3가지로 나눌 수 있다.
첫 번째는 무벌타의 경우다. 플레이어의 잘못은 없고 코스가 원인이 되는 경우에 해당한다. 예를 들면 수리지나 캐주얼 워터나 인위적으로 조성된 지역이나 화단에 볼이 들어갔을 때에 해당된다.
두 번째는 1벌타의 경우다. 플레이어의 실수로 인해 볼이 있는 위치에서 플레이해야한다는 두 번째 원칙을 지킬 수가 없어 구제하는 과정에서 불리하게 적용되는 벌타가 여기에 해당된다.

벌타가 제일 많은 2벌타의 경우는 플레이어가 양심 불량일 경우에 적용된다. 스윙에 방해가 된다고 나뭇가지를 꺾거나 디보트 자국에서 볼을 살짝 옮겨 놓을 경우에 받는 벌칙이다.

흔히 골퍼들이 지나치게 벌타를 규정한 조항이 많아 골프 규칙이 마치 처벌을 위한 목적으로 이해하고 있지만 사실은 공평성을 기하고 샷을 진행하기에 어려움에 직면한 골퍼들을 구제하기 위해 만들어져 있다고 보는 것이 타당하다.

골프에 숨겨진 원초적 승부 본능

사실 골프는 외견상으로는 매우 점잖은 운동처럼 보이나 실제로는 엄청 폭력적인 운동이다. 골퍼의 원초적인 승부 본능, 그리고 필드와 규칙 속에 감추어진 폭력성이 그 모습을 조금이라도 드러내는 순간, 심판이 아무리 유능하고 또한 많다고 하더라도 제대로 된 경기를 진행할 수 없다. 그렇기 때문에 처음부터 심판을 없애고 매너와 에티켓을 강조하면서 신사인체 하면서 플레이하라는 것이다.

참고로 지금은 볼이 온 그린되면 볼에다 마크를 한 뒤 집어서 볼에 묻은 흙이나 이물질을 닦은 뒤 라이를 보고 플레이스먼트를 하는 동작이 당연시되어 있고 때로는 상대방 퍼팅 라인에 볼이 있으면 볼 마크도 잠시 옮겨야 하는 조항도 생겼지만, 1950년까지는 두 번째 규칙 "볼은 있는 그대로 친다"는 규칙이 그린 위에서도 그대로 적용되고 있었다.

상대방 퍼팅이 안 들어가야 내가 이긴다는 인간의 원초적이 본능이 작용해서 자기 볼을 상대방의 퍼팅 라인 앞에 막아서는 스타이미(Stymie) 플레이를 하는 사례가 빈번해 페어플레이가 아니라는 비난이 일자 R&A가 이 규칙을 변경한 결과다.

이렇듯 엄청 폭력적인 특성을 지닌 골프를 제대로 즐기려면 아무나 가능한 일이 아니고 규칙과 매너를 지킬 수 있는 어느 정도의 수준에 이른 사람들만이 가능한 운동일 지도 모른다.

"레이디스 앤 젠틀맨"

대규모 연설회장이나 연회장에서 행사를 시작하면서 주로 많이 사용되는 말이지만 이보다는 라운딩을 막 시작하는 골퍼들에게 더 어울리는 인사가 아닐까?

내기 골프는 맛깔 나는 '조미료'

‘

PGA 프로들도 내기 즐겨

겨울이면 한국 골퍼들이 즐겨 찾는 몇몇 동남아 골프장 그린에는 이상한 표시가 있다고 한다. 홀 주변에 반지름이 약 1미터 정도의 원이 하얀색으로 선명하게 그려져 있다는 것이다. 요즘은 몇몇 한국 골프장에서도 볼 수 있지만.

내기 골프를 즐기는 한국인 골퍼들이 매 홀마다 홀 아웃하느라 정규 라운딩 시간을 초과하자 고육지책으로 만들어 낸 풍경이라고 한다. 내기 골프는 우리 골퍼들에게 특히 그 증상이 심한 편이지만 전 세계 골퍼들에게 공통적으로 있는 현상이며 PGA투어 프로 골퍼도 예외가 아니라고 한다. 대회에 참가한 프로 골퍼들 중에는 주최 측이 내는 공식적인 상금 외에도 개인적으로 내기를 하는 골퍼들이 많다는 것은 공공연한 비밀이다.

매운 음식을 좋아하는 우리나라 사람들이 마치 매운 고추를 고추장에 찍어 먹지 않으면 싱거워서 고추를 못 먹겠다고 하는 것과 같은 이치다. 심지어 골프장에서 처음 만난 사람들끼리 인사하기가 무섭게 다양한(?) 규칙 등을 정하기 위한 룰 미팅을 하는 게 우리 골프장의 현실이지만 내기 골프를 하는 목적은 경제적인데 있지 않고 심리적인 데 있다고 봐야한다.

대부분의 주말 골퍼들이 내기를 하는 이유는 게임의 흥미를 돋우고 경기를 신중하게 하기 위한 것이다. 골프에서 보상이 없으면 긴장도 없다. 2미터 짜리 퍼팅의 긴장감이 얼마나 큰지는 그 퍼팅에 걸려 있는 상금이 얼마인가에 따라 정도가 확연히 다르다.

만약 내기가 없는 경기라면 그다지 긴장할 이유도 없으며 성공했다고 크게 기뻐할 이유도 없다. 즉 돈이 걸려 있기 때문에 2미터 퍼팅을 남겨둔 순간이 긴장감을 더하게 되는 것이다.

한 타에 1천 원이나 1만 원 정도의 돈을 걸고 스킨스나 스트로크 게임을 하는 것은 부자가 되려는 데 뜻이 있는 것이 아니고 4시간이나 4시간 반 동안 전개되는 플레이에 경쟁심을 유발시키고 게임에 긴장감을 가져가겠다는 동의 절차와 같은 것이다.

마지막 3개 홀에 내기 돈 몰리는 '조폭 게임'

아픈 만큼 성숙해진다고 골프 기량을 빨리 향상시키려면 가능한 한 라운딩할 때마다 내기 골프를 해야 한다. 그래야만 스트로크 하나하나를 신중하게 생각하게 되고 스코어 관리도 진지하게 할 수 있다.

골프에서의 내기는 고스톱이나 다른 게임에서의 내기와 그 의미가 다르다. 내기 골프에서 돈을 잃는다는 것은 단순히 돈만을 잃는 것을 의미하는 것이 아니라 골퍼 자신의 인격(즉 자신을 제대로 통제하지 못했음)을 잃는다는 의미로 확대 해석하기 때문이다.

일명 조폭 게임이라고 해서 라운딩 중에 보기(번 돈의 절반)와 더블 보기(번 돈 전액)로 벌금으로 내도록 해서 모은 돈이 마지막 세 개 홀인 16번, 17번, 18번 홀에서 거의 다 몰려 엄청 무모한 내기 골프로 인식되는 이 게임도 자세히 들여다보면 마지막 승자가 그 돈을 혼자 챙기려는 것보다는 게임이 끝나고 적당히 개평을 나눠주면서 동반자들이 "감사합니다 형님"이라는 인사를 하게 해서 승자로 하여금 자신의 존재감을 느끼기 위한 게임 방식이다.

몇 년 전 억대 규모의 내기 골프가 도박이 아니라는 법원의 판결이 나와 사회적인 파장을 일으킨 일이 있었다. 대한골프협회 규칙에는 "골프에 있어서 도박 행위는 엄격히 금지된다"는 내용이 명시되어 있지만 판사가 이렇게 판결을 내린 이유는 "골프가 전적으로 기량에 의해 결정되는 운동"이라고 판단했기 때문이다.

아무튼 내기 골프는 돈을 따기 위한 골프가 아니라 스코어를 잘 내기 위한 골프임을 알아야 한다. 조폭 골프에서 이긴 '형님'이 캐디피를 전액 내거나 아니면 라운딩 후에 맛있는 식사를 쏠 정도의 금액이면 가장 적당한 내기 골프가 아닌가 생각한다.

학업 성적표 VS 스코어카드

‘

골프에서 예습과 복습은 절대 금물

행복이 성적순이 아니라는 말은 웬만큼 인생을 살아온 사람들이라면 쉽게 인정하는 사실이다. 그렇다면 골프는 성적순일까? 물론 아니다. 학창시절 성적이 우수한 학생들의 공부 잘하는 비법은 철저한 예습과 복습이었다. 하지만 골프에서는 예습과 복습을 잘하면 그날 라운딩은 엉망이 되고 만다.

드라이버로 친 샷이 페어웨이 중앙을 향해 힘차게 날아가는 볼을 보고 캐디와 동반자들이 부러움과 찬사의 의미로 외쳐 주는 "나이스 샷", "굿 샷"의 반대말은? "배드 샷?" 정답은 "뽀~올"이다.

심한 훅이나 슬라이스로 볼이 인접한 홀로 날아가는 것을 보고 캐디가 주위에 위험을 알리기 위해 외치는 "Fore"의 순 우리식 표현이다.

국토 면적이 협소한데다 주로 산악 지형에 골프장을 건설할 수밖에 없는 국내 골프장의 경우, 많은 홀들이 지그재그 형태로 설계되어 있어 이런 상황들이 자주 발생한다. 라운딩 중에 이런 상황이 몇 차례 발생하면 그 날 스코어는 엉망이 될 수밖에 없다. 골퍼는 암기력이 뛰어나야 한다? 주로 암기 위주의 공부를 해 온 우리들은 한 번 배우거나 외운 것은 절대 잊지 않는 학생들이 항상 선두권을 형성했다.

하지만 골프는 전혀 아니다. 기억력이 너무 좋아 이전 홀에서 아깝게 놓친 파 찬스를 아쉬워하고 몇 달 전에 같은 홀에서 OB를 낸 사실까지도 생생하게 기억하다가 또 다시 OB를 내고 이런 식을 반복하다가 마침내는 징크스 홀까지 만들게 된다.

골프에서는 과거에 대한 미련과 집착이 지금의 샷을 대신해 주거나 보상해 주지 않는다. 기억력이 좋아 쓸데없는 과거를 잊지 못하고 많이 기억하고 있는 골퍼일수록 하수 골퍼다.

특히 오래 전에 어쩌다 한 번 잘 쳤던 샷을 절대로 잊지 않고 기억하고 있기 때문에 계속해서 무리한 클럽을 선택하고 무모한 샷을 시도하다 더 나쁜 결과를 만들어 낸다.

하지만 프로나 싱글 골퍼들은 대부분 기억력이 나쁜 사람들이다. 지나간 홀에서의 좋지 않은 결과나 샷 들을 빨리 잊어버릴 뿐만 아니라 멋있었던 샷도 얼른 잊어버린다.

진짜보다 가짜가 더 좋은 것, 연습스윙

다음은 성격이 꼼꼼하면서 분석력이 뛰어난 학생이 대개 성적이 앞선 학생인데 골프에선 반대다. 샷을 하면서 너무 많은 것을 확인하고 점검하면서 샷을 하다보면 결과가 엉뚱하게 나오는 경우가 많다. 지구상에서 진짜보다 가짜가 더 좋은 것이 딱 하나있는 데 연습 스윙이라 한다. 연습 스윙은 부드러운데 실제 스윙을 할 때는 너무 많은 것을 생각하고 욕심이 앞서기 때문이다. 심지어 단순한 퍼팅을 하는 순간에도 많은 것을 생각한 나머지 리듬을 잃거나 힘이 들어가 미스 샷을 유발하는 골퍼들이 허다하다.

"가방 끈 길다고 공부 잘하느냐"는 이야기도 골프장에서 통용된다. 드라이버가 잘 맞아 볼이 엄청나게 멀리 날아가 페어웨이에 안착했다고 반드시 버디나 파를 잡는다고 말할 수 없다. 핀까지의 거리가 많이 남아 먼저 샷한 동반자의 볼이 온 그린이라도 되거나 첫 샷을 잘 친 김에 버디를 잡겠다는 욕심이 지나치게 되는 순간, 긴장감이 고조되면서 세컨 샷에 힘이 들어가 '뒤땅'을 치거나 '쪼로'를 내서 볼이 벙커에 꽂히거나 해저드에 빠지고 만다. 지나친 욕심 때문에 삽시간에 보기나 더블보기를 하고 마는 것이 아마추어들의 골프다.

학창시절에 성적표의 사선 친 부분에 위 숫자와 아래 숫자가 비슷해 어떤 것이 학급 인원이고 어떤 것이 자신의 석차인지 구분이 어려웠던 친구들이 지금은 스코어카드에 어느 것이 정규 타수이고 총 타수인지 구분이 안 될 정도로 필드를 장악하고 있지 않은가?

골프를 진정 사랑한 사람

그린 위에서 잠드는 것이 최대 행복

연말이 되면 '화이트 크리스마스'라는 멋진 노래로 우리를 기쁘게 해주는 유명한 가수가 있다. 20세기 전반 동안 미국에서 최고의 인기를 누린 가수이자 배우 빙 크로스비다.

그는 "골프를 치다가 그린 위에서 영원히 잠드는 것이 최고의 행복"이라고 늘 입버릇처럼 말했다고 한다. 그런 그가 평소에 말하던 대로 1977년 스페인 여행 도중 코스에서 퍼팅을 하다가 세상을 떴다. 빙 크로스비는 1950년대 중반 이후 로큰롤 열풍이 불자 그의 시대가 막을 내렸음을 알고 무대를 떠나 남은 인생을 골프에 몰입했다. 그 유명한 페블비치 골프장에서 보내면서 유명한 빙 크로스비 대회도 개최하는 등 오직 골프만을 즐기면서 인생을 마감한 사람으로 전해진다.

우리나라에도 이렇게 골프를 사랑한 사람이 한 분 있다. 정치가로서 일생을 살아오면서 정치만큼이나 골프를 즐기고 좋아했던 JP라는 애칭이 우리 귀에 더 익숙한 김종필 씨다.

몇 년 전 주간 〈이코노미스트〉에 자신의 골프 인생 이야기를 연재해 왔으며 재미있는 얘깃거리가 많아 즐겨 읽었던 기억이 있다.

골프 규정에 맞춰 스코어 카드를 적다보면 사실 불편하다. 매 홀마다 자신이 친 타수를 그대로 적어야 하기 때문에 총타수를 계산하기가 힘들 뿐만 아니라 18홀 라운딩 내용이 한눈에 쏙 들어오지 않는다. 그래서 파는 0, 보기는 1, 그리고 버디는 −1이라는 간편한 방식을 사용해서 기재하는 표기법을 맨 처음 창안한 사람이 바로 70년대 초 총리 시절의 JP였다.

이외에도 골프에 관한 많은 업적과 기록들을 남기면서 골프를 진정으로 즐긴 분이라 할 수 있다. 1961년에 골프를 시작해서 47년 째 골프를 즐기면서 1961년 군부가 당시 유일한 골프장이었던 서울 컨트리클럽(현 능동에 위치한 어린이대공원)에다 식량 증산을 위해 콩을 심어야 한다는 결의를 했을 때 외국 손님이 올 때를 대비해서라도 골프장이 필요하다는 주장으로 당시 최고회의 의장이었던 박정희 대통령을 설득해서 코스를 유지시켰을 뿐 아니라 박 대통령도 골프를 시작하게 만들었다고 한다.

골프장은 3당 합당의 주무대가 되기도 했다. 자신은 라운딩 중 합당 이야기를 한 번도 한 적이 없다고 하지만 분위기 조성에 골프가 한몫했던 것은 분명하다. 당시 신민주공화당 총재였던 JP는 민주당 총재였던 김영삼 전 대통령과 합당 전까지 다섯 차례에 걸쳐 골프 회동을 가졌다. 1989년 10월 2일 안양골프장에서 티샷을 하다 엉덩방아를 찧는 김영삼 민주당 총재를 보고 김종필 신민주공화당 총재가 웃고 있는 모습의 사진 한 장은 골프와 연계된 한국 정치사의 한 페이지를 장식하고 있을 정도다. 합당으로 대통령이 된 김영삼 대통령은 "재임 중에는 골프를 치지 않겠다"고 선언함으로써 사실상 공직 사회에 골프 금지령을 내린 첫 대통령이 되었다.

풍운아 아닌 행운아!

JP는 라이프 베스트가 2언더파 70타인 데다 에이지 슈터 기록을 밥 먹듯 했다고 한다. 영원한 2인자 인생을 비유하듯 티 샷보다는 3번 우드샷이 거리가 더 많이 나갔고 정통 보수 우파라서 볼도 훅보다는 슬라이스가 많이 났다고 한다.

주말 골퍼들의 소원은 은퇴한 후 다리 힘이 있을 때까지 공이나 칠 수 있으면 좋겠다는 것이다. 골프나 치면서 살았으면 좋겠다는 말은 삶의 여유를 찾아 살고 싶다는 다른 표현이다. 그런 면에서 본다면 골프 애호가들에게는 JP가 선망의 대상이 아닐 수 없다.

JP는 "평소 골프란 누구를 이기려고 하는 운동이 아니다. 몸과 마음을 스스로 관리하면서 자연과 인생을 배우는 운동"이라고 했다. 오랫동안 골프를 즐기며 살 수 있다는 것은 그만큼 평소에 자기 경영이 잘 되어 있다는 것을 의미한다.

그는 7년 전 경기도 고양에 위치한 뉴코리아CC에서 라운딩을 마치고 기분

좋게 술을 마신 뒤 집으로 가던 중 뇌경색으로 쓰러졌다가 가까스로 살아나서 지금은 휠체어에 의지해서 생활하고 있다. 그러던 그가 올해 여름 특수 카트에 의지해서 필드에 다시 섰다고 한다. 오른쪽 신체 일부가 마비되어 왼손과 왼팔만 이용해서 하프 스윙으로 한 홀을 도는데 70분이나 걸렸다. 하지만 인생의 마지막이 될지도 모르는 라운딩을 하면서 "자신이 아직도 살아있음을 느끼는 순간이었다"고 당시의 감회를 털어 놓았다. 골프 구력 장장 55년을 이렇게 감동스럽게 마무리할 수 있다는 것이 정말 대단하고 놀라운 일이라고 생각한다.

3김 중 대통령이 되지 못한 유일한 1김이긴 하지만 그는 진정 풍운아가 아니라 행운아가 아닐까!

병상에 있는 자신을 간병하다가 얼마 전 세상을 먼저 타계한 부인(박영옥 여사)의 묘소에 보낸 화분의 리본에다 영국시인 로버트 브라우닝의 유명한 시인 '한 번, 단 한 번 그리고 단 한 사람'이라는 헌시를 남긴 멋진 분이다.

골프야! 정말 미안하다

‘

남을 속일 수는 있어도 자신을 속일 수는 없다

골프는 남을 속일 수는 있어도 결코 자신을 속일 수는 없는 게임이다. 29세에 이미 그랜드슬램의 위업을 달성하고 세계 4대 메이저 대회 중에서도 가장 명성이 높은 마스터스대회 개최지로 유명한 미국 조지아주 오거스트 내셔널 골프 코스를 직접 설계하고 대회를 창시한 골프계의 신사, 바비 존스.

그는 생애 4차례나 챔피언을 한 경력이 있는 US오픈에서 아무도 그 상황을 보지 못했음에도 불구하고 어드레스를 하면서 볼을 건드렸다고 스스로 보고하고 벌타를 먹었다.

그 때문에 결국 동점자가 나왔고 연장전에서 아깝게 패했다. 사람들이 그의 스포츠맨십을 칭찬하자 "룰대로 치는 사람을 칭찬하는 것은 마치 은행원이 강도를 안 했다고 칭찬하는 것과 같다"고 했다 한다. 과연 골프의 성인이라고 할 만한 행동이자 신념이 아닌가 한다.

이에 반해 우리들이 골프장에서 보여주는 행태는 어떤가. 지금까지 숫하게 라운딩을 해오면서 드라이버 거리를 좀 더 내 보겠다고 티잉 그라운드를 헤집고 나갔던 배꼽의 길이를 합치면 한강대교 하나쯤 거리가 되지는 않을까?

그린에서 볼을 마크하면서 컵 쪽 가까이 다가가기 위해서 좁혀간 거리를 모두 합치면 시골의 어두운 마을 골목길을 밝히려고 매단 전선 줄 길이만큼 되지 않을까?

페어웨이나 러프에서 남몰래 클럽으로 볼을 옮긴 총거리를 합치면 국가대표 하키 선수들이 연습 중에 드리블한 거리를 능가하지 않을까?

숲 속으로 날아간 볼 찾으러 갔다가 주머니에 있던 볼로 알까기 해놓고선 "내 볼 여기 있네" 하고 외친 함성의 크기가 기미년에 대한 독립 만세를 외치던 조상님들의 함성보다 크지 않았을까?

해저드에 빠진 볼은 빠지기 직전 위치에서 그린 쪽으로 멀지 않는 곳에서부터 한 클럽 이내에 드롭해서 쳐야 하는 데 아예 해저드를 건너 그린 쪽 전방에다 놓고 플레이를 계속함으로써 줄였던 거리는 아마 어지간한 고속도로 하나쯤 건설할 거리가 되지 않았을까?

OB, 로스트볼 그리고 해저드에 빠트리고서는 동반자로부터 받은 멀리건 회수를 전부 합치면 지난해 10월 송도에서 열렸던 프레지던츠컵 결승전 입장권 수를 훨씬 능가하지 않았을까? 그린 위에서 수시로 받은 OK(컨시드) 횟수는 모 카드사가 판매하는 OK 캐시백 카드 수보다 몇 배는 많지 않았을까?

벙커 샷을 하면서 클럽을 모래에 놓고 있었던 시간들을 전부 모으면 아마 결혼 생활하면서 아이들과 나눈 스킨십 시간들보다 더 길지 않았을까? 첫 홀은 '올파'라느니 '일파만파', '무파만파', '전파만파' 심지어는 '세파만파' 라는 신조어들을 만들어 가면서 스코어 카드 첫 줄에 새긴 아우디 엠블럼(○○○○)수는 복의 의미를 상징하는 8자가 두 개씩이나 누워 있다 해서 중국 사람들에게 최고 인기 차인 아우디의 중국 내 보유 대수보다 많지 않았을까?

룰에도 없는 '양파'라는 용어를 만들어 홀 당 최대 스코어를 못 박아 두거나 그것도 모자라 아예 내 스코어 카드에는 오리(더블 보기)이상은 그리지 말라고 해 놓고 줄인 스코어들을 1점에 1원짜리 동전으로 쌓았더라면 아마 남산의 서울타워가 발아래 있지 않았을까?

자신의 스코어를 한 점씩 낮추어 적는 것이 습관처럼 되어버린 골퍼가 어느 날 파 3홀에서 홀인원을 했다. 그리고는 자신의 스코어 카드에 0이라고 기록했다고 한다.

골프야 정말 미안하다!

골프를 '화~악' 끊어 버리리라

‘

말도 안 되고 기도 안 차는 스포츠

오래 전에 읽은 최점룡 님이 쓴 '골프를 끊어 버리다'라는 글이 너무 좋아 내용 일부를 요약해서 여기에 옮겨봤다.

도대체가 말도 안 되고 기도 안차는 것이 골프라는 운동이다. 운동 같지도 않은 것이 하고 나면 제대로 즐겁기를 하나 친구 간에 부부 간에 우정이 돈독해지길 하나 스트레스 풀려고 왔던 것이 화는 화대로 나고 열은 열대로 받고 돈은 돈대로 들고 시간은 시간대로 날아가고 말이다.
어디 그 돈 뿐인가? 골프장이 있는 곳은 대부분 농촌 인근 지역이라 열심히 농사짓는 데 한량처럼 놀러 다닌다고 손가락질은 제일 먼저 받지, 가뭄이나 수해 겪을 때 골프채 들고 다니면 몰매라도 맞을 분위기라 공무원들은 구설수에 오를까 봐 부킹 기록부에 제 이름 숨기고 필명을 써가며 작가 행세하고 다니질 않나.

전날 일찍 퇴근해서 열심히 연습했다고 해서 그 다음 날 잘 맞기를 하나, 오히려 전날 밤 늦게까지 술 잔뜩 먹고 술 냄새 팍팍 풍기면서 골프장에 도착한 놈이 오늘은 힘 빼고 친다면서 운 좋게 버디를 잡아 알토란같은 내 돈 빼앗아 가지를 않나. 공 한 개 값이면 날계란 한 판, 자장면으로 치면 곱빼기 한 그릇 값인데 물에 빠뜨려도 의연한 채 허허 웃어야지 볼 건져 본다고 긴 채잡고 설치면 인간성 의심받지.

골프장은 또 어떤가? 노는 산 깎아 골프장 만들어도 좁은 땅에 쓸데없이 골프장 만든다고 욕먹고, 잡목이나 아카시아나무 대신에 돈 들여 낙락장송이나 자작나무 심고 철쭉 길 만들어 놔도 환경 파괴니 자연 훼손 한다고 욕먹고. 공이 갈만한 자리에는 한결같이 모래 구덩이나 물웅덩이 만들어 놓고 심술은 있는 대로 부리질 않나, 잘못 쳐서 달아난 볼 찾느라고 볼 있을 법한 곳에서 두리번거리면 10초 지나면 벌타 먹인다고 공갈치지 않나, 공 좀 잘 맞으면 일 안하고 공만 쳤다 욕하고, 안 맞으면 남들 공 칠 때 공 안 치고 뭐 했느냐고 욕하고, 퍼팅한 볼이 쏙쏙 들어가면 돈독 올랐다고 욕하고, 홀컵에 못 미쳐 안 들어가면 관공서 갔다왔냐고 흉보고, 퍼팅이 길면 힘이 장사라고 놀리고, 홀컵을 돌아 나오면 변태 같다 욕하고, 핸디캡을 높여 신고하면 사기 친다고 욕하고, 낮춰 신고하면 네가 무슨 프로냐고 욕하고, 싱글 기록하면 사업하는 놈이 일은 안하고 매일 공만 쳤다고 욕하고,

싱글 못하면 남들은 배운 지 1, 2년 만에 싱글하는데 너는 도대체 어찌돼 먹은 거냐 하며 흉보고, 새 채 사서 공 잘 치면 돈으로 공치냐 욕하고, 새 채 사고도 잘 못치면 돈 갖고도 못 하냐 욕하고.

다시는 골프채 안 잡는다

쪼로내서 볼이 멀리 못 가서 멈추면 발로 차도 그만큼은 보내 겠다고 욕먹고, 볼을 풀 속으로 쳐 박으면 생긴 대로 으슥한 곳만 밝힌다고 욕먹고, 비가 와서 휴장으로 골프 못치고 그냥 돌아왔는데도 공쳤다고 하 고, 멀리 떨어진 골프장 가느라 새벽 일찍 나가면 그런 정신으로 공부를 했 더라면 고시 3과 올 패스도 했겠다고 욕먹고, 맘먹고 집에서 골프채나 한 번 닦으면 그 시간에 세차나 한번 하라고 욕먹고, TV에   재미있는 프로 그램이 없어 골프 채널로 돌리면 아예 골프하고 살지 왜 나하고 사냐고 욕 먹고, 잘 쳐도, 못 쳐도, 자주 쳐도, 가끔 쳐도, 아침에 쳐도, 오후에 쳐도, 겨울에 쳐도, 여름에 쳐도, 새 채로 쳐도, 헌 채로 쳐도, 길게 쳐도, 짧게 쳐도, 조용히 쳐도, 떠들고 쳐도, 웃으며 쳐도, 찌푸리고 쳐도, 천천히 쳐 도, 빨리 쳐도, 내 돈 내고 쳐도, 접대 받고 쳐도, 욕먹게 되는 골프를 왜 그렇게 좋아하느냐 말이다.

골프 치는 사람들! 정말 정신 나간 사람들이다. 곰곰이 생각을 해 봤는데 욕먹기도 지쳤고 돈 쓰기도 아깝고 시간도 아깝고 등의 이유로 이제 골프 를 화~악 끊어 버릴 것이다. 이제부터는 골프채를 만지지도 않을 것이다. 다음 번에 다시 칠 때까지.

4th Hole

연습 없이 핸디를 줄이는 방법

실수, 만회보다 관리다

‘

득점을 줄여야 하는 경기

대부분의 스포츠는 점수가 많아야 이기는 득점 위주의 경기인데 반해 골프는 득점을 줄여야 하는 경기다. 골프에서는 ‘실수=득점’이므로 득점을 줄인다는 것은 곧 실수를 줄이는 것과 같다.

골프를 하다보면 실수를 안 할 수 없다. 누구든지 실수, 즉 미스 샷을 하게 된다. 문제는 실수를 얼마나 적게 하느냐이다. 하지만 안타깝게도 악재는 한꺼번에 몰려온다. 컨디션이 좋아 라운드를 상큼하게 시작해 가다가 중간에 실수로 미스 샷을 날리고 나면 계속 미스 샷이 이어진다.

백돌이 골퍼들의 경우, 연속적인 실수로 스코어 카드에 오리와 갈매기를 그리게 되는 경우가 허다하다.

이렇게 실수를 연속하는 이유 중 하나는 미스 샷을 한 후 서둘러 다음 샷을 하기 때문이다. 동반자들 앞에서 미스 샷을 했다는 자괴감이 드는데다 진행에 방해를 줄까 하는 부담감도 쌓여 분위기를 반전할 시간적 여유를 갖지 못한 채 서둘러 다음 샷을 하다보면 미스 샷을 연발하게 되는 것이다. 또 하나의 이유는 조금 전 실수를 다음 샷에서 바로 만회하려는 성급한 욕심에서 비롯되는 경우다. 골프 스코어를 낮추기 위해서 먼저 해야 할 것은 실수를 한 후 이를 어떻게 만회하느냐 보다 연이은 실수가 계속해서 일어나지 않도록 대비하는 것이다.

잇따른 실수를 하지 않으려면 성급함을 버리고 평정심을 찾아야 한다. 마치 남의 미스 샷을 본 것처럼. 인간은 감정의 동물이므로 화가 날 때는 어떤 식으로라도 반응을 해야만 하다.

이때 감정에 호소하기 보다는 가능한 한 행동이나 말로서 화를 빨리 풀어버려야 한다. 미스 샷으로 화가 날 때면 분위기를 재빨리 전환시키고 마음의 여유를 찾기 위해 일부러 심호흡을 크게 하거나 한 손을 편 채 가슴 부위에 올렸다가 노여움을 한 손에 움켜진 채 휴지통에 휙 버리는 제스처를 반복하면서 마음의 안정을 찾을 수 있다.

이런 동작을 한두 번하고 나면 마음이 한결 편해지면서 평정심과 함께 침착함이 되살아난다. 아마추어 골퍼가 라운드를 하면서 명심해야 할 것은 서둘러하는 여러 번의 미스 샷보다는 여유 있게 제대로 된 샷 하나가 훨씬 경기진행을 도와준다는 사실이다.

미스 샷을 했을 경우엔 서둘러 다음 샷을 하기보다는 이전의 미스 샷을 빨리 잊어버리고 시간적인 여유를 갖고 분위기를 전환시킨 뒤 다음 샷을 하는 습관을 길러야 한다. 그래야 연속되는 실수를 줄일 수 있고 경기 진행에도 도움을 주면서 결과적으로 스코어도 좋은 그야말로 3박자가 맞은 골프를 즐길 수 있는 것이다.

실수가 곧 결과다

사실 골프만큼 실수(Oversight)와 실패 또는 잘못(Mistake)에 대한 결과가 스코어로 확실히 나타나는 운동도 없다. 골프를 하다보면 언뜻 봐서는 골프 잘 친다는 생각이 전혀 들지 않는 데도 늘 좋은 스코어를 내는 골퍼를 종종 보게 된다. 그의 플레이를 자세히 살펴보면 중요한 특징을 발견할 수 있다. 눈에 띄게 화려한 플레이를 하지는 않았지만 결정적인 실수, 아니 정확하게는 실패(잘못)을 범하지 않는다는 점이다. 평범한 플레이에 가끔 실수를 하기도 하지만 결정적인 잘못을 연속하지 않는다는 점이다.

어쩌다 한 번씩 잘 맞는 경험을 자신의 진짜 실력으로 착각해서 무모하게 도전하다가 어이없는 실수를 연발하는 아마추어 골퍼들과는 다른 점이다. 골프에서는 한 번의 기막힌 샷을 위해 여러 번의 미스 샷을 해서는 절대 안 된다는 얘기다. 기업 경영을 하다보면 어느 기업에게나 위기 상황이 닥치지만 평소에 위기 관리 능력을 갖춘 기업들은 성공 기업으로 성장하듯이 골프에서도 라운드 중에 누구나 몇 차례의 실수를 하게 되지만 싱글 골퍼들은 실수관리 능력을 갖추고 있음을 알아야 한다.

플레이도 돈 버는 음식점처럼…

‘

장사 잘되는 음식점의 비결

경기침체가 계속되면서 똑같은 사업을 하더라도 손님이 계속 몰려 돈 세기가 바쁜 가게가 있는가 하면 손님 보기가 서울 밤하늘의 별 보기보다 더 어려워 장부를 온통 붉은 색으로 물들이고 있는 가게도 많다.

다들 장사가 안 되서 죽겠다는 비명을 지르고 있는 판에도 손님이 항상 북적이면서 이익을 많이 내는 가게를 자세히 연구해보면 맛 하나로 승부하면서 메뉴가 매우 간단한 집이라는 것을 금방 알 수 있다.

장안 최고의 설렁탕이나 김치찌개 전문집 등이 대표적이다. 입구에서부터 벽이고 천장이고 온통 다양한 메뉴들을 너덜너덜하게 많이 붙여 둔 집 치고 손님 많은 집은 별로 없다.

골프에서도 마찬가지다. 가능한 단순할수록 골프를 잘 칠 수 있다. 먼저 칩 샷을 할 때 스윙 크기를 단순화시켜야 한다. 로프트 60도짜리 로브 웨지에서부터 7번 아이언까지 실로 다양한 클럽을 가지고 다니는 이유가 여기에 있다. 메뉴가 많으면 선택의 폭이 커져서 머리도 복잡해지고 집중력도 떨어져 매번 거리에 맞는 샷을 하기 힘들어진다. 마치 한창 바쁜 시간에 들어온 손님이 메뉴 고르느라 황금 같은 영업시간을 다 잡아먹고 주방은 주방대로 조리시간에 쫓겨서 제대로 된 맛을 내지 못하는 것과 같은 이치다. 자신 있는 스윙크기를 하나 개발해서 남은 거리에 따라 클럽을 교체하는 것이 실속 있는 숏 게임 전략이다.

다음으로는 세컨 샷의 남은 거리를 단순화시켜야 한다. 하이 핸디캐퍼들의 경우 티 샷은 반드시 드라이버로만 해야 하고 드라이버는 반드시 멀리 보내야만 하는 것으로 알고 있는 경우가 많다.

하지만 이런 생각에서 야기되는 문제가 두 가지 있다. 하나는 드라이버 샷을 잘못 쳐서 OB를 내 벌타를 먹거나 아니면 너무 잘 쳐서 세컨 샷하기 헷갈리는 어중간한 거리에 볼을 떨어뜨려 놓고 괜히 고생하는 경우다.

사실상 두 벌타인 OB가 날 것을 각오하고 날린 볼이 다행히 그린 근처까지 왔다고 해서 과연 버디를 잡아 본 적이 얼마인가? 엄청난 위험을 안고 시도한 멋진 샷의 결과가 별 볼일 없이 끝나는 경우가 많다.

대부분의 골프장이 처음 설계될 때 이런 요소를 감안해서 설계가 되어있다. 그런데 아마추어들은 그런 것도 모른 채 한사코 멀리만 보내면 된다는 식의 코스 공략으로는 백전백패가 될 수밖에 없다.

서비스 홀이라 불리는 거리가 짧은 파 4홀에서의 홀 공략을 원 온 시켜 버디를 잡겠다고 욕심을 내다가 되레 자기가 홀에다 서비스를 준(보기로 마감) 경험들이 많지 않은가? 이런 홀에서는 세컨 샷 하기 좋은 일정한 거리에 볼이 떨어지게 안전하게 티 샷을 시도한 다음 가장 자신 있는 클럽으로 세컨 샷을 하는 것이 제대로 홀 공략 전략이다.

복잡한 생각 버리고 단순화하라

핀 공략도 단순화시켜야 한다. 핀이 그린 위 어느 위치에 꽂혀 있더라도 항상 그린 중앙을 공략 지역으로 삼고 공략해야 한다는 것이다. 매홀 핀의 위치를 바꾸어 가면서 골퍼들로 하여금 헷갈리게 하는 것이 골프장의 전략이라면 아마추어 골퍼들은 이에 현혹되거나 신경을 쓰지 말고 항상 그린 중앙에 볼을 떨어뜨린다는 생각으로 샷을 하면 오히려 안정적인 파 세이브가 가능할 뿐만 아니라 골프를 쉽게 즐길 수 있다.

마지막으로 퍼팅 시 생각을 단순화시켜야 한다. 드라이버나 아이언 샷은 다 좋은 데 항상 그린 위에서 퍼팅 난조로 어려움을 겪는 아마추어 골퍼들이 의외로 많다.

이런 골퍼들의 경우 퍼팅을 지나치게 복잡한 프로세스로 이해하는 데 문제가 있다. 퍼팅도 하나의 프로세스임에는 틀림없다. 그러나 퍼팅만큼 단순한 프로세스도 없다고 봐야한다. 오죽하면 퍼팅은 감이라고 할까.

버너드 다윈은 "그 어떠한 명수도 10cm의 퍼트를 반드시 넣을 수 있는 방법을 알지 못한다"고 말했을 정도다.

나만의 '조강지처클럽'

‘

좋은 클럽은 골퍼의 애정으로 완성된다

라운드를 하는 동안, 골퍼에게 골프 클럽은 신체의 일부다. 피와 신경만 흐르지 않다는 것뿐이지 손에서 이어지는 신체의 일부와 마찬가지다. 그립을 통해 골퍼가 생각하는 힘과 움직임이 클럽으로 전달되어 볼을 제대로 맞추고 원하는 방향과 원하는 거리만큼 볼을 보내는 것이다.

이런 개념을 이해한다면 그립핑 과정에서 전달되는 느낌 즉, 그립감은 골프의 참맛을 제대로 느끼는 데 매우 중요한 것이라 할 수 있다. 따라서 프로는 당연한 것이지만 싱글 골프들의 경우에도 연습장에서의 연습할 때는 물론이고 집에서 쉴 때에도 틈틈이 그립을 만지작거리면서 클럽을 자신과 하나로 만들려고 부단히 노력한다.

필드에서 세컨 샷을 온 그린시켰을 때 대개의 보기 플레이어들은 사용한 클럽을 캐디에게 얼른 건네주고는 흐뭇한 마음으로 카트에 오르거나 아니면 다른 동반자들이 플레이하는 것을 옆에서 지켜본다. 하지만 로우 핸디캡 골퍼들의 행동은 다르다. 클럽과의 교감을 높여 일체감 있는 퍼팅을 하기 위해 미리 퍼터를 뽑아들고 장갑을 벗어 뒷주머니에 찔러 넣은 채 그린을 향해 가면서 그립과의 친밀감을 쌓아 간다. 클럽은 골퍼의 끊임없는 애정과 관심을 통해서만 비로소 자기 것이 된다.

클럽이 이렇게 소중한 존재가 되어야 함에도 불구하고 볼이 잘 맞지 않거나 샷의 결과가 좋지 않으면 괜히 클럽 탓을 하면서 화풀이로 발로 클럽을 툭툭 차거나 땅에다 클럽 헤드를 내치거나 심할 때는 클럽을 옆으로 던지기까지 한다.

게다가 돈내기가 세게 붙은 라운딩에서 볼이 안 맞아 돈을 좀 잃고 나면 가장 먼저 찾는 대안이 '새 골프채로 바꿔야겠다'는 생각이다. 클럽을 너무 오래 써서 탄성이 떨어진다거나 클럽은 뭐니 뭐니 해도 테크놀로지라면서 동반자들이 멋지게 휘둘러대는 신병기를 마냥 부러워하면서 말이다.

그러나 '골프=테크놀로지'보다 더 중요한 용어는 '클럽=조강지처'다. 기술적으로 조금 낙후된 부분이 있더라도 오랜 세월동안 미운 정 고운 정 주고받으면서 일심동체가 된 클럽을 자기의 것으로 만드는 것이 중요하다. 끊임없는 연습과 애정으로 클럽을 자기의 분신으로 만들어야 한다.

자기 몰래 엄청난 연습을 한 결과인 줄도 모른 채 주위의 부추김에 귀가 얇아 시중에 잘 나간다는 새 클럽을 거금을 들여 장만하면서 헌 클럽은 후

배에게 주거나 한 순간에 집 한구석에 쳐 박아 버린다. 골프 용품 회사들이 거의 매년마다 선보이는 첨단 신소재와 우주공학 기술을 응용해서 만들었다고 하는 신제품들을 빠짐없이 장만해서 필드에 들고 나오지만 광고한 만큼 비거리가 늘어나거나 원하는 대로 볼이 날아가지 않는다.

문제는 클럽이 아니라 골퍼 자신

아무리 좋은 클럽이라도 자기 손에 익지 않으면 결정적일 때 무용지물이다. 평소에 꾸준한 연습과 정성을 쏟아 가면서 자신의 클럽으로 만들겠다는 노력보다 돈으로만 쉽게 자기 것으로 만들려고 하기 때문이다. 결국 문제는 클럽에 있는 것이 아니라 골퍼 자신에게 있다.

인생의 반려자를 남편이나 아내라고 한다면 라운딩에서의 반려자는 클럽이라 할 수 있다. 자기가 선택한 아내를 배우자로 맞아 가정을 이루게 되면 아내를 아끼고 사랑하듯이 클럽도 한번 선택하면 쉽게 바꿔서는 안 된다. 다소 기술적인 낙후한 점은 있지만 긴 세월 동안 미운 정 고운 정을 주고받으면서 일심동체가 된 클럽을 자기의 것으로 만드는 것이 중요하다.

끊임없는 연습과 애정으로 자기의 분신으로 만들어야 한다. 자신이 힘들고 어려울 때 옆에서 힘이 되어 주고 위로해 주는 조강지처처럼 결정적이고 중요한 상황에서 자신 있게 백에서 뽑을 수 있는 그런 클럽이 바로 '조강지처 클럽'이다. 당신에겐 과연 그런 클럽이 있는가?

소수가 아닌 정수의 경기

3.00001은 4다

미국프로골퍼연맹 PGA 분석 자료에 따르면 "미국 프로골퍼들의 드라이버 평균거리가 10야드 늘어나면 라운드 당 평균 스코어는 0.4점 줄어든다"고 한다. 18홀 라운딩하는 동안 드라이버를 사용하는 홀 수가 보통 14개 정도라고 가정할 때 한 라운딩에서 늘어난 거리는 1백40야드나 된다. 그럼에도 불구하고 18홀 전체에서 줄일 수 있는 점수가 한 타의 절반도 되지 않는 0.4타라니….

반올림을 하면 '0' 즉, 한 마디로 꽝이라는 얘기다. 매 홀마다 10야드씩 거리를 늘렸음에도 불구하고 18홀 전체로는 한 타도 줄어들지 않는다는 얘기다.

정말 그럴까? 곰곰이 생각해보자. 골프는 매 홀마다 친 타수를 합산해서 점수를 산정하는 경기인데 아날로그가 아닌 디지털적인 개념의 게임이다. 즉, 0 아니면 1 두 가지만을 가지고 모든 경우를 풀어가는 방식을 말한다. 여기에는 아날로그적인 어중간한 숫자는 결코 존재하지 않는다. 쉽게 말해서 소수점 이하의 숫자는 아무 의미가 없다는 말이다. 3.01에서 부터 3.99까지는 산술 계산 방식의 하나인 끊어올림 방식으로 처리해서 모두 똑같은 4로 처리되어 결과가 같은 것으로 평가되고 만다는 점이다.

5미터 남은 거리에서 퍼팅을 성공시켜 잡은 보기성 파나 바람만 훅 불어도 그냥 굴러 들어갈 것처럼 안타깝게 홀컵에 걸려 있는 버디성 파나 다 같은 파라는 것이다.

우리의 라운딩 경험에 비추어 보더라도 쉽게 이해할 수 있을 것이다. 매 홀마다 동반자들보다 드라이버 거리가 10야드씩 더 나갔다고 해서 동반자가 파나 보기를 잡을 때 버디나 파를 잡았던가?

절대로 그렇지 않았을 것이다. 단지 세컨 샷을 하기 전까지 기분만 좋았거나 아니면 동반자들에 비해 한 클럽 짧은 클럽을 선택해서 파를 잡을 가능성이나 확률이 조금 높아졌을 뿐이지 18홀을 통틀어 결코 스코어가 한 타씩 차이를 내는 경우는 거의 없었을 것이다. 오히려 장타자의 함정만이 있을 뿐이다. 이 보고서는 바로 이런 점을 얘기하고 있는 것이다.

숙명처럼 피할 수 없는, 장타자의 함정

장타자는 홀에서 가장 멀리 떨어진 사람 순으로 샷을 해야 한다는 골프 규정에 따라 남보다 뒤에 세컨드 샷을 해야 하는 데 이것이 바로 장타자에게 남겨지는 숙명적인 함정(Longer's trap)이다. 먼저 친 동반자들이 볼을 핀에 가깝게 붙여 버리면 더 가깝게 붙여야 한다는 심리적인 압박감을 피할 수 없게 된다.

이런 심리 상태에서 세컨 샷이 좋은 샷이 될 확률은 결코 높지 않다. 골프를 잘 치기 위해서는 "장타를 추구하되 장타의 노예가 되어서는 안된다"는 명언을 기억해야 한다. 흔히 250야드의 거리를 보내는 드라이버도 한 타이고 홀컵을 안타깝게 돌아 나와 홀컵 바로 옆에 머물고 있는 볼도 한 타를 필요로 한다는 의미에서 '정수 게임'이라고 할 수 있다.

골프를 잘 치려면 설거지를 잘해야 한다고 하는 이유다. 숏 게임을 통칭하는 설거지 단계에서 소수점을 유리하게 아니면 반대로 불리한 정수로 바꾸는 결정적인 과정이기 때문이다. 퍼팅이 특히 그렇다.

시간 만 나면 드라이빙 레인지에서 땀을 뻘뻘 흘리면서 죽어라하고 드라이버 연습을 하면서 그 쉽고 편하고 중요한 퍼팅 연습은 한 번도 하지 않는 골퍼들이 명심해야 할 금과옥조다.

잭 버크는 "골프는 볼을 구멍에 넣는 게임이다. 골프백 속에서 볼을 구멍에 넣는 도구는 퍼터뿐이다. 그 퍼터 연습을 왜 처음부터 하지 않는가?"

골프는 필드 위에서 제일 멀리 치거나 가장 멋진 샷을 날리거나 묘기 샷을 보여주는 경기가 아니라 대부분 그린 위에서 철저히 정수만을 선호하는 철저한 스코어링 경기임을 명심하자.

실력보다 심리다

‘

어처구니없는 실수들

골프는 실수, 즉 미스 샷을 줄이는 운동이다. 18홀 라운드를 하면서 골퍼들이 하는 미스 샷의 수는 보통 몇 개 정도일까? 자신의 핸디캡에 3~4배 정도로 보면 얼추 맞지 않을까 하는 생각이다.

그런데 안타까운 것은 많은 골퍼들이 실력 외에 심리적 요인, 자신의 성격이나 태도 등에 따라 어처구니없는 실수를 많이 한다는 것이며 더 안타까운 건 이것이 한 번으로 끝나는 것이 아니라 매 라운딩마다 계속 반복된다는 것이다.

일명 '백돌이' 골퍼들이 쉽게 저지르는 실수들을 정리해보자. 대부분은 자존심 때문에 생기는 실수들이다. 평소 우드나 유틸리티 클럽으로 자신 있게 공략해오던 파 3홀에서 그날따라 동반자들이 아이언으로 티 샷을 한다고 덩달아 아이언을 꺼내 들었다가 볼이 그린 앞에 있는 해저드나 벙커에 빠져 보기나 더블 보기를 경험한 적이 한 두 번이던가? 퍼팅은 그린에서만 사용해야 한다는 생각에 프린지에서 퍼터를 사용하는 것은 쫀쫀하게 보일까 봐 피칭웨지로 샷을 고집하다가 어처구니없는 실수를 얼마나 많이 경험했던가? 웨지 샷의 명수라는 필 미켈슨도 마스터즈대회에서 그린 주위에서 한 퍼팅으로 우승을 차지했다. 최악의 퍼팅은 보통의 칩 샷보다 낫다고 할 정도로 그린 주위에서는 퍼터를 사용하는 것이 유리하다.

다음은 조급한 성격에서 비롯된 것이다. 자신의 볼이 그린 위에 동반자와 같은 방향에서 짧은 거리에 있음에도 불구하고 동반자가 라이를 살피고 체크하는 사이에 그 순간을 못 참고 먼저 서둘러 퍼팅하다가 라이를 잘못 읽어 타수를 잃은 적은 얼마나 많았던가?

드라이버가 잘 맞아 볼이 페어웨이 한가운데 놓여 있음에도 동반자 볼이 샷하기에 여의치 않은 위치에 있어 클럽 선택을 고민하는 사이에 먼저 샷을 하다가 자신만의 리듬을 놓치고 그린 앞 벙커나 해저드에 빠져 스타일을 구긴 경우는 또 얼마나 많은가?

다음은 게으름 때문이다. 그린 위에서 퍼팅을 해야 할 경우에 맞은 편에 가서 브레이크를 확인하기가 귀찮아 그냥 볼이 있는 방향에서만 대충 라이를 확인하거나 캐디에게 한번 물어보고 퍼팅을 하다가 내리막을 오르막으로 보거나 그 반대의 경우가 되어 3퍼팅한 경험들이 많을 것이다. 남자 골프 세계 랭킹 1위인 미국의 조던 스피스가 온 그린 한 뒤 그린 위에서 보내는 시간과 노력과 쏟는 정성을 보면 왜 22살의 어린 나이에 환상적인 퍼팅 실력을 가지고 있어 퍼팅의 천재니 귀신이니 달인이라는 평을 듣는지 알 수 있을 것이다.

'백돌이' 골퍼의 쓸데없는 걱정들

다음에는 자신감 부족에다 과시욕에서 생기는 경우다. 특히 '백돌이' 골퍼들의 경우, 볼이 제대로 안 맞으면 어쩌지, 해저드는 넘길 수 있을지, 샷한 볼이 그린에 과연 올라갈 수 있을지 하는 등 괜한 걱정과 그동안 연습한 멋진 샷을 동반자들에게 보여주고 싶은 욕심들이 앞서다 보면 힘이 잔뜩 들어가거나 헤드업을 하면서 실수를 하게 된다.

마지막으로 캐디에게 미안한 마음이 들어 실수를 하는 경우다. 멀리서 캐디가 가져온 클럽이 잘못되었거나 조금 전 캐디로부터 건네받은 클럽으로 한 샷을 실수해서 거리가 달라졌거나 당초 생각했던 브레이크 상황이 맞지 않거나 한데도 클럽을 바꿔 달라고 하려니 미안한 마음이 들어 그냥 가지고 있는 채나 아니면 가까운 동반자가 가지고 있는 클럽을 받아 사용하다가 낭패를 보게 된다.

심지어는 연습 샷으로 디보트가 패일까 염려한 나머지 평소의 프리 샷 루틴을 생략한 채 바로 본 스윙을 하다가 리듬을 잃고 스코어를 망친 경우도 많을 것이다. 가뜩이나 실력도 부족한 데 자신의 성격과 태도, 심리적인 문제로 미스 샷을 많이 만들어 낸다는 것은 억울해도 너무 억울한 일이 아닐까? 골프가 그래서 더럽게(?) 어려운 운동이긴 하지만.

명문 골프장의 조건, '그린 스피드'

그린 스피드 관리 위한 세 가지 조건

"어~ 여기 그린은 왜 이렇게 잘 굴러?"

소위 명문 골프장들의 연습 그린 위에서 자주 듣는 소리다. 골프장을 명문, 비 명문으로 구분하는 데는 여러 기준들이 있겠지만 가장 중요한 기준 가운데 하나가 바로 그린 스피드라고 할 수 있다.

그린 스피드는 스팀프미터(Stimpmeter)라는 도구를 사용하여 측정하는데 길이 1미터의 V자홈이 파여진 나무나 알루미늄 막대기 끝에 볼을 올려놓고 끝이 지면과 30센티미터를 들어 올려 볼이 홈을 따라 하강하면서 평평한 그린으로 굴러간 거리(미터나 피트 단위를 사용)를 말한다.

모두 6개의 볼을 사용하여 3개씩 양쪽 방향으로 굴려서 평균값으로 정한다. 국내 골프장에서 보기 플레이어들이 빠르다고 하는 스피드는 대개 2.9미터(9.5피트) 정도이고 보통은 2.6미터(8.5피트)정도, 느린 경우는 2.3미터(7.5피트) 정도를 말한다. 마스터스골프대회의 경기장이자 거울 같은 빠른 그린으로 악명 높은 미국 조지아주 오거스트내셔널CC의 마스터스대회 당일 평균 그린 스피드가 평균 4.2~4.3미터(15피트 내외) 정도라고 한다. 정말 유리판 위에서 퍼팅을 한다고 생각하면 그 느낌이 바로 온다.

빠른 그린 스피드를 유지해서 명문 골프장 소리를 들으려면 다음 세 가지 요건을 가지고 있어야 한다. 첫째, 잔디를 관리하는 기술이다. 그린 스피드를 내려면 잔디 저항을 줄이기 위해 잔디를 거의 뿌리만 남겨 놓고 깎아야 하는데 잔디 관리 기술을 가지고 있지 못하면 불가능한 일이기 때문이다. 잘못하다간 그린을 완전히 망치게 된다.

둘째, 내장객을 대폭 줄여야 한다. 거의 뿌리만 남겨진 그린 위를 수많은 골퍼들이 밟고 다니다 보면 잔디가 견딜 수 없다. 거기에 나이트 시설까지 설치되어 있는 골프장 그린이라면 불가능하다.

셋째, 라운딩 시간 간격을 충분히 늘려야 한다. 그린이 빨라서 홀마다 3퍼팅을 밥 먹듯이 하게 되니 라운딩 시간이 당연히 길어질 수밖에 없다. 빠른 진행을 통해 내장객을 수를 최대로 늘리는 것을 목표로 운영하는 골프장 입장에서는 언감생심일 뿐이다.

국내 골프장에 식재된 그린 잔디는 대부분 양 잔디의 하나인 벤트그라스 품종이다. 벤트그라스는 여름철 고온 다습한 기후에 약한 것이 흠이다. 그래서 비가 많이 오고 기온이 높은 여름철에는 잔디를 제대로 깍지 못하고 그린도 단단하게 다질 수 없어 그린 스피드가 느릴 수밖에 없다. 그러나 날씨가 선선해지면서 벤트그라스는 생육 조건이 좋아져 그린 스피드는 빨라진다. 골프 전문가라고 하는 사람들은 "첫 티잉 그라운드에 서기 전 연습 그린에 올라 스피드감(거리감)을 익혀라"라는 주문을 많이 한다. 하지만 연습 그린에서 스피드를 제대로 파악하기는 사실상 어렵다.

오늘의 그린 스피드를 파악하자

그린 스피드를 파악하려면 적어도 5미터 이상의 거리에서 퍼팅을 해 봐야하는데 연습하는 그린이 과연 평평한지 알기도 어렵고 국내 골프장의 연습 그린에서는 그런 곳을 찾기 또한 쉽지 않기 때문이다.

자신은 평평하다고 생각하는 곳에서 연습하지만 실제로 평평한지는 모르기 때문에 라운딩 전에 한 연습이 자칫 잘못된 정보만 입력하게 할 위험이 매우 크다. 따라서 정확한 그린 스피드를 파악하기 위해서는 알지도 못하는 연습 그린 위에서 어설프게 연습하기 보다는 골프장에다 바로 물어 보는 것이 현명한 행동이다. 그런데 안타까운 점은 일부 명문 골프장을 제외한 국내 많은 골프장들이 아직도 이런 중요한 정보를 내장객들에게 제공해 주지 않을 뿐더러 심지어 캐디들도 스피드 자체를 모르고 있다는 사실이다.

골프장에서 "오늘 그린 스피드가 얼마지?"하고 물으면 대부분의 캐디들은 "평소보다 조금 빠른(느린)데요"하고 대답한다.

나 원 참! "그럼 평소는 얼만데?" 매일 오다시피 하는 회원들도 얼마인지 알 수 없게 하는 정말 한심한 대답이다.

핸디캡(HDCP) 1번 홀이란?

‘

난이도의 두 가지 지수, 코스레이팅과 슬로프레이팅

골프장에는 ‘코스레이팅(Course Rating)’이라는 골프장의 난이도를 평가하는 지표가 있다. 다른 종목의 경기장들은 일정한 형태와 규격, 길이와 넓이 등에 맞게 만들어져 있어 별도의 평가가 필요 없지만 골프장은 그 특성상 형태와 규격 등 어느 곳 하나도 같은 곳이 없기 때문이다.

골프의 경우 파 3, 파 4, 파 5홀이 갖추어야 할 매우 일반적인 길이와 요건들만 정해두고 나머지는 해당 골프장의 소유주나 코스 설계사의 철학, 취향이나 명성에 맞게 골프장을 만들 수 있도록 되어 있다.

이에 따라 골프장이 만들어지면 해당 골프장에서 전체 코스 길이 홀별 거리, 티잉 그라운드 중앙에서부터 그린까지의 거리, 그린 크기, 잔디 종류

등의 측량 값을 기준으로 해서 정규 자격증을 가진 코스레이터(Course Rater) 3~4명이 미국골프협회(USGA)에서 발행한 매뉴얼 기준에 따라 현장을 방문하여 벙커, 페어웨이, 러프, OB, 워터 해저드 등 홀의 난이도에 영향을 미치는 14가지 요소들을 모두 살핀 뒤 종합적인 평가를 하게 된다.

코스의 난이도를 나타내는 의미로 알고 있는 코스레이팅이라는 내용도 엄밀히 보면 두 가지로 나누어진다. 하나는 이븐파를 치는 실력의 스크레치 플레이어들을 대상으로 코스 난이도를 나타내는 수치로 이용되는 코스레이팅이고 다른 하나는 보기 플레이어들이 느끼는 난이도를 의미하는 슬로프레이팅(Slope Rating)이다.

코스레이팅의 경우, 국내에서는 대부분의 코스가 72타를 기준으로 하고 있으며 이 기준으로 봐서 코스레이팅이 75타라면 어려운 코스를 말하며 반대로 70타나 69타라면 쉬운 코스를 말한다.

보기 플레이어를 기준으로 하는 슬로프레이팅의 평균값은 113이며 어느 코스의 슬로프레이팅이 113이상이면 어려운 코스이고 그 이하면 쉬운 코스라 할 수 있다.

이에 반해 핸디캡은 골프가 추구하는 위험과 보상의 관점에서 플레이어의 기량과 도전 의욕을 최대한 높게 유지하도록 하는 차원에서 골프장마다 홀을 난이도를 평가하는 지표다.

골프에서는 실력이 서로 다른 플레이어들이 비슷한 환경에서 공평한 경기를 할 수 있도록 배려하는 차원에서 핸디캡을 적용하고 있다. 핸디캡에 뒤따르는 숫자는 핸디캡을 주고받는 홀의 난이도 순서를 의미한다. 핸디캡 1

번 홀은 스크래치 골퍼와 보기 플레이어의 기량 차이가 가장 크게 나서 핸디캡을 제일 먼저 주고받아야 하는 홀이라고 보면 된다. 물론 핸디캡 1번 홀이 홀을 공략하기가 어렵기 때문에 순위가 높긴 하겠지만 반드시 모든 골퍼들에게 똑같이 적용되는 것은 아니다.

드싱, 식모, 방귀, 퍼귀……주특기로 핸디캡 1번홀 탈출

핸디캡을 정하는 고려 요소로 여러 가지가 있는 데 대표적인 요소들을 살펴보면 첫째가 페어웨이의 폭(좁으면 그만큼 공략하기가 힘들다) 둘째가 홀까지의 거리(멀수록 그린 도달이 어렵다), 셋째가 OB를 포함한 해저드, 벙커의 개수와 면적, 네 번째가 홀의 위치(직선과 곡선, 내리막과 오르막), 다섯째가 골프장의 위치(해변 근처냐 아니냐), 여섯째가 코스 지형(산악이야 평지냐) 등이다.

그밖에 A, B 러프들의 형태와 잔디의 종류나 길이, 그린의 크기나 굴곡 정도와 그린 스피드와 단단함 정도 등도 코스의 핸디캡을 정하는 중요한 요소들이다.

보기 플레이어라고 해서 모든 샷이 다 나쁜 것은 아니기 때문에, 예를 들면 '드싱(드라이버는 싱글 수준)', '식모(칩 샷 선수)', '방귀(벙커 샷 귀신)'에다 '퍼귀(퍼팅 귀신)'까지 제 나름대로의 한 칼이 있어 핸디캡 1번홀이라고 해서 무조건 어렵다는 인식을 가질 필요는 없다.

어디까지나 일반적인 기준이라는 것을 생각하고 자신감 있게 자신만의 플레이를 하면 좋은 결과를 낼 수 있다. 여기에다 코스를 대하는 골퍼의 심리적 요소까지 감안한다면 더더욱 그렇다. 골프장마다 한두 개씩 있는 일명 서비스 홀(핸디캡 17, 18번 홀)에서 스크래치 플레이어들은 무조건 버디를 잡아야 한다는 부담감으로 플레이를 하는 데 반해 보기 플레이어들은 오히려 파를 잡을 수 있다는 자신감으로 플레이함으로 보기 플레이어들이 오히려 더 좋은 스코어를 내는 상황도 많이 경험하지 않았던가?

오케이 보다는
파이팅이다!

‘

컨시드, 동반자를 배려한 양보

'굿샷'의 반대말은 '뽀~올'이다. 그렇다면 '오케이(OK)'의 반대말은? '파이팅!'이다. 국내 골퍼들에겐 '오케이(OK)'라는 표현으로 굳어져 버린 골프 용어, 원래 '양보하다', '~한 것으로 간주하다'는 뜻으로 영어로는 컨시드(concede)가 정확한 표현이다.

미국에서는 기브(Give)나 기브 미(Give Me) 또는 픽 잇 업(Pick it up)이라는 용어로 사용되기도 하는데 그린 위에 놓인 볼과 핀의 거리가 짧아 한 번의 샷으로 쉽게 홀인 할 수 있다는 가정 하에 퍼팅을 생략하고 홀 인했다고 간주해서 그냥 볼을 줍게 해 달라는 의미다.

비기너들이 처음 라운딩을 나가 냉온탕 끝에 간신히 그린 위에 볼을 올린 뒤 어설픈 퍼팅 실력으로 그린 위를 왔다 갔다하는 것을 보다 못해 원활한 진행을 위해 동반자들이 홀 인을 인정해주는 것인데 그것을 착각해 한 타 적게 계산하기도 하는 오케이!

컨시드란 일종의 자선행위다. 선수가 자기 재량으로 상대에게 관대하게 대우하는 행위인 것이다. 심판이나 다른 경쟁자 없이 경기하는 골프에서만 가능한 일이다. 그런 이유 때문에 경기 특성상 매치 플레이에서만 사용이 가능한데 최근에는 매치 플레이에서도 논쟁 거리로 떠오르고 있는 실정이다. 2011년 미국 대 유럽연합대륙팀 간의 남자 대표 대항전인 일명 라이더컵에서 매치 최종 홀에서 미국팀의 타이거 우즈가 1.2미터 거리에서 컨시드를 받지 못해 파 퍼팅을 실패한 뒤, 상대의 1미터에는 컨시드를 줘서 미국팀이 대회를 패하게 되자 컨시드를 주지 않았던 유럽팀에 대해 신사답지 못하다는 비난이 일면서 컨시드 폐지론이 제기되기도 했다.

얼마 전에 끝난 미국과 유럽 간 여자 골프 대항전인 솔하임컵에서도 컨시드 논란이 재발했다. 미국팀 대표로 첫 출전한 재미동포 앨리슨 리가 17번 홀에서 퍼팅한 볼이 홀컵을 지나쳐 50센티미터 정도 남은 거리에서 동반자들이 다음 홀로 이동하는 어수선한 상황에서 컨시드를 받은 것으로 알고 공을 집어 들었다.

이 때 상대 선수가 컨시드를 준 적이 없다면서 항의하자 앨리슨 리는 규정에 따라 2벌타를 먹고 미국팀은 결국 그 경기에서 패했다. 의기투합한 미국팀은 그날 오후에 진행된 싱글 매치 경기에서는 대승을 거둬 멋지게 역전 우승을 차지했다.

fighting!

문제는 최근 우리나라에서는 스트로크 경기에서도 컨시드를 너무 남발하고 있다는 점이다. 18홀 라운딩 내내 컨시드를 주고 받는 것이 한국 골프의 현 주소이기도 할 정도다. 슬픈 현실이다. 컨시드 받는 것을 즐기다 보면 골프의 참맛과 묘미를 느끼지 못할 뿐만 아니라 골프의 진수라 하는 긴장감과 함께 진지함을 놓쳐 버리게 되고 실력도 향상되지 않게 된다.

오케이 남발, 차포 떼고 장기 두는 것

이를 다른 운동경기에 비유해 보자. 농구에서 자유투를 컨시드한다면? 축구에서 페널티킥을 골인으로 컨시드한다면? 야구에서 볼카운트 쓰리 볼 노 스트라이크에서 타자를 1루 진출로 컨시드한다면?

골프 맛을 제대로 즐기고 실력을 향상시키고자 한다면 컨시드 받는 습관을 최대한 삼가야 한다. 컨시드를 받는 데 익숙하다보면 컨시드를 받아야 할 거리에 있는데도 동반자들이 컨시드를 주지 않으면 평소에 이런 거리에서 제대로 퍼팅해 본 경험이 별로 없는데다 나쁜 감정에 사로잡혀 십중팔구는 퍼팅을 실패하게 된다.

적당한 기브는 상대방을 배려해서 자신의 관대함도 보여 주면서 동반자와의 관계도 돈독하게 가져갈 수 있는 윤활유이지만 반대로 너무 심하게 사용하다 보면 골프가 갖는 진지함을 잃어버리게 한다.

마치 차 떼고 포 떼고 장기를 두는 것이며 생선 한 마리를 머리와 꼬리 자르고 매운탕 없이 몸통만으로 회를 쳐서 먹는 것과 같다. 앞으로는 우리 골퍼들이 라운드를 하면서 오케이보다는 파이팅을 더 많이 외쳤으면 한다.

유교적인
너무나 유교적인

‘

음양 조화 이루는 중용의 운동

골프는 중용의 운동이다. 중용은 조화를 의미한다. 음과 양, 힘과 기술, 강함과 부드러움, 거리와 방향, 디지털과 아날로그, 진지함과 단순함. 이런 상반되는 개념을 균형과 조화로 만들어 가야하는 운동이다.

가령 음양을 호흡에서 보면 들이쉬는 숨은 저장하는 것이기 때문에 음이고 내쉬는 숨은 발산이기 때문에 양이다. 이 원리에 따라 운동을 구분해 보면 주로 공을 내지르는 운동들은 양의 운동으로 테니스, 배드민턴, 축구, 야구가 대표적이다. 반면 잡아당기기를 위주로 하는 유도나 씨름, 레슬링 등은 대표적인 음의 운동이다.

골프는 음과 양, 양과 음이 순차적으로 반복되는 전형적인 중용의 운동이다. 스윙 과정만 봐도 음의 요소인 어드레스에서 호흡을 가다듬은 다음, 양의 동작인 백 스윙을 거쳐 다시 음인 톱 스윙에서 잠시 멈췄다가 양의 영역인 다운 스윙을 거쳐 음의 영역인 피니시로 이어지는 과정의 연속임을 알 수 있다.

코스 공략에도 처음엔 양의 요소인 드라이버와 우드, 롱 아이언처럼 힘의 발산으로 시작하지만 홀컵에 다가갈수록 음의 요소인 어프로치와 칩 샷 그리고 퍼팅의 역할이 중요해진다. 힘만 세다고 잘할 수 없고 거리만 길다고 좋은 스코어를 장담할 수 없다. 강함 뒤에는 반드시 부드러움이 이어져야 한다.

장자야 살아만 있어다오!

골프는 철저한 장자 중심의 운동이다. 첫 샷의 의미가 매우 큰 운동이다. 첫 샷을 잘못하여 벌타를 먹고 나면 그 다음에 그 어떤 나이스 샷도 첫 샷의 손해를 만회할 수 없다. 그만큼 첫 샷이 중요하다.

첫 샷이 잘못되어 잠정구를 친 뒤 첫 볼이 있을 법한 현장으로 걸어가는 동안 어떤 생각이 들까? 잠정구를 아무리 잘 쳤다고 하더라도 골퍼의 심정은 "초구야 제발 살아만 있어다오"가 아닐까? 마치 유교 집안에서 장자만 살아 있으면 대를 이어갈 수 있어 걱정할 일이 없다고 굳게 믿듯이.

골프는 변화구나 움직이는 볼이 아닌 가만히 죽어있는 볼을 다루는 운동이다. 외견상 쉬워 보이지만 결코 쉽지 않는 이유는 바로 장자 중심의 운동 특성에 기인한다고도 할 수 있다.

야구에서 3할 3푼 3리 타율이라면 최고의 타자 반열에 오를 수 있는 기록이다. 타자가 타석에 들어서서 투수가 던지는 많은 볼 가운데 3개의 스트라이크로 아웃되기 전까지 안타 하나만 치면 되고 이런 결과를 세 번의 타석에서 한 번만 하면 달성할 수 있는 기록이다.

만약 이런 타자가 골프의 티잉 그라운드에 선다면 아마 한 홀에서 평균 서너 개의 OB를 내는 꼴일 것이다. 그리고 이것이 모두 벌타 수로 카운트된다는 사실이다. 스코어로 보면 '백돌이'는 고사하고 '이백돌이'도 안 되는 수준일 것이다. 18홀 라운딩을 하면서 장자가 시쳇말로 '대과없이 제 역할만 하면' 싱글 스코어는 그다지 어렵지 않다. 장자가 어느 날 개발에 땀이라도 내면 라이프 베스트(life best)도 가능한 일 아닐까?

"장자여! 너는 집안의 뿌리이자 골프의 핵심일세."

또한 골프는 극기의 운동이다. 자기를 이기는 운동이다. 골프는 상대가 보냈거나 상대로부터 볼을 빼앗아 치는 것이 아니라, 가만히 놓여 있는 볼을 치는 운동이기 때문에 자신 이외에 어떤 누구를 원망하거나 탓할 수 없는 운동이다. 철저히 자신의 판단과 책임 하에 하는 운동이다. 오직 자기와의 싸움이며 끊임없이 자신을 연마하고 마음을 다스리는 운동이다.

수양을 통해 자신을 낮추고 남을 높이며 자신에게 엄격하고 남에게는 관대한 '박기후인(薄己厚仁)'을 근본으로 하는 운동이다.

명사들의
부부 골프 이야기

아내의 '원 포인트' 레슨

이영관
도레이첨단소재 도레이케미칼 대표이사 회장

"어, 어, 어…, 와!"

툭 쳤는데 데굴데굴 구르더니 홀컵 속으로 쏙 빨려 들어가는 것이 아닌가!
지난 10월 초 18년 만에 또 다시 홀인원의 기쁨을 맛보았다. 파 3홀에 들어
설 때면 종종 "내가 오늘 홀인원하면 선물을 쏠게"하고 호언하며 욕심을 내
뱉곤 했는데 그날따라 아무 생각 없이 셋업을 했다. 아내도 보통은 "꼭, 하
세요. 저도 그 선물 받고 싶네요."라며 맞장구치곤 했는데 이날은 아무 말
없이 잠자코 있었다.

홀인원에 그날 라운딩의 동반자이자 인생의 영원한 동반자인 아내가 제일
기뻐했음은 말할 것도 없었다. 사전에 선물에 대한 공약이 없었던 점은 빼
고서 말이다.

1993년에 골프를 시작하긴 했지만 생산 현장을 관장하고 있었기에 공정 트러블이 생기면 밤을 새기 일쑤였는데 당시 선배들은 휴일에 나를 자주 불러주었다. 제대로 레슨을 받지 않고 골프채를 잡았던 터라 골프장에 가면 언제나 나는 '봉(?)'이 되었다. 돈 잃고 기분 좋은 사람이 어디 있으랴!

그러던 1996년 겨울, 옆에서 묵묵히 지켜보던 아내가 어느 날 골프 연습을 권했다. 체육 교사였던 아내는 동계 훈련의 중요성을 누구보다도 잘 알고 있었다. 가기 싫다고 했지만 3개월 치를 선납했다며 등을 떠밀었다.

매일 아침 6시, 일어나기 싫은 몸으로 연습장 문도 열기 전에 도착해 기다렸다가 레슨을 받고 골프채를 몇 백 번을 휘두르고 출근하기를 3개월. 3개월이 지나자 5번 아이언으로 150미터 과녁을 정확히 맞히기 시작했다. 오기가 슬슬 발동했다. 정식 훈련도 했겠다, 벼르고 별러서 선배, 동료를 불러 라운딩을 했는데 이게 웬일인가. 연습 때와는 달리 공이 자기 멋대로 날아가는 것이 아닌가.

아내의 강권에 겨우내 해왔던 동계 훈련이 허사였구나 싶어 내심 자신에게 화가 나기도 했지만 그렇게 참고 견디다보니 3, 4월이 지나고 5월 잔디가 잘 올라오자 공이 맞아나기기 시작하더니 불과 몇 달 만에 싱글을 치고 그해 홀인원을 하는 행운도 맛보았다. 그리고는 올해 다시 홀인원을 한 것이다.

지난 7월, 티칭 프로 자격을 딴 아내의 7번째 버킷리스트를 이뤄줄 기회를 마련했다. 여름휴가를 대신하여 제 144회 디 오픈(The Open) 챔피언십의 갤러리로 참가하여 세계적인 선수들의 경기를 직접 보게 된 것이다. 아내의 기쁨은 말할 것도 없었고 나 또한 필 미켈슨을 만나 우승컵 앞에서 그와 기념 촬영으로 멋진 인증 샷도 남겼다.

또한 그 코스에서 라운딩 할 기회가 있었는데 '헬(Hell)'이라는 무시무시한 별명이 붙은, 내 키보다 높은 14번 홀 벙커에 빠져 두 번이나 쳐내지 못하고 결국은 생전 처음 뒤로 볼을 쳐내서 탈출했던 경험은 두고두고 내 인생의 즐거운 추억거리로 남을 것이다.

나의 골프도, 또 지금까지 사회생활을 하는 것도 온전히 아내의 덕이다. 3개월의 새벽 '특훈'에서 출발하여 동반 라운딩에서 아내가 콕콕 찍어주는 팁 덕분에 무너진 자세를 교정하면서 지금까지 골프를 즐길 수 있다는 것 자체가 내 인생의 낙이요 복이라 생각하며 늘 감사하고 있다.

라운딩하는 동안의 부부 간 대화는 불화를 없애니 일거다득인 셈. 한 가지 욕심을 낸다면 에이지 슈터는 아니더라도 아내와 함께 건강하게 오래 오래 그린에서 서로를 응원하며 '굿 샷'을 외칠 수 있기를 기도한다.

서로 좋아하는 것을 함께 하는 삶

안병근
(주)안세 회장

집사람은 원래 성격이 좀 온화하고 차분해서 과격한 운동을 싫어하는 편이다. 그래서 학창시절에도 달리거나 몸을 많이 움직이는 체육 시간이 무척 싫었다고 한다. 반면 뭔가 새로운 것을 배우고 싶어하는 '하고잽이'(경상도 표현)라 괜찮은 취미를 찾으려고 이것저것 노력을 많이 해봤지만 그리 오래 가지 못했다.

그런 아내가 결혼 40년 동안 딱 두 가지만은 오랫동안 꾸준히 지키고 해 오는 일이 있다며 내게 자랑스러운 고백을 했다. 첫 번째는 가정주부요, 두 번째는 바로 골프다. 골프를 25여년 이상 해오면서 지루해하지 않은 것이 신기할 정도라고 한다.

빠르게 뛰지 않아도 되니 운동과 친하지 않아도 충분히 할 수 있고 자연과 함께 할 수 있어서 정서적인 안정감을 줄 수 있어서 좋다고 한다. 잘 치거나 잘못 치거나 스코어에 신경 쓰지 않아서 좋고, 운동이 끝난 후에는 냉탕과 온탕을 오가며 목욕하는 것 또한 큰 즐거움으로 여겼다. 자기에게는 꼭 맞는 운동이라고 여기고 즐기면서 하다 보니 무척이나 행복해 보였다.

부부는 맞춰가면서 사는 것이라고 하지만 그것이 쉬운 일은 아니다. 어찌 사람이 사는 데 좋은 일만 있을까? 우리 부부는 다행스럽게도 골프에 관한 한 맞추려고 노력하지 않아도 서로가 좋아하고 즐거워하는 편이라 '자연 맞춤형'이 되었다.

같은 취미를 같이 즐길 수 있는 시간이 많아져서 참 좋다. 골프 약속이 있는 날이면 남편과 함께 하는 부부 운동이라며 언제나 아무 불평 없이 동반해 주며, 밤늦도록 나란히 TV앞에 앉아 골프 채널을 보면서 즐거움을 공유한다. 롱 퍼트가 홀에 들어가면 감탄하고, 숏 퍼트를 놓치면 같이 안타까워할 수 있는 것도 취미가 같기 때문에 가능한 일이다.

나이 들어 해외에 나갈 일이 생길 때 단순히 관광만 하는 것 보다 서로가 좋아하는 골프도 하고 온천에서 목욕도 즐기면서 살아가는 얘기를 같이 편하게 나눌 수 있다는 것이 골프가 주는 또 다른 행복이 아닌가 싶다.

음식도 천천히 먹고, 숨도 느리게 깊은 숨을 쉬면 건강에 좋다고 하듯이 느림보 운동 골프는 느리게 사는 즐거움을 주는 것 같다. 부부는 그저 맞추면서 살아가는 것이 아니고 서로가 좋아하는 것을 함께 찾아가는 것이 아닐까 생각한다.

대형 대학병원 병원장 출신의 훌륭하신 원로 의사 두 분을 알고 있다. 두

분 모두 연세가 80세쯤 되셨는데 두 분의 사모님도 80세 가까이 되셨다. 가끔 한 번씩 부부 동반으로 골프를 하는데 두 사모님이 골프를 배운 이야기기 참 재미있다. 두 의사 분 중 한 분의 사모님 이야기다. 대학교수이신 사모님께서는 약간 마른 체형에 힘이 약한 편이셨는데 20여 년 전 환갑이 넘어 처음으로 골프채를 잡게 되셨다고 한다.

하지만 사모님은 골프를 배우자마자 골프의 매력에 푹 빠지셨다. 사모님께서 남편에게 "왜 이렇게 재미있고 좋은 운동을 늦게 배우도록 했느냐"고 투덜대던 모습이 지금도 선하다. 원장님은 부인이 허약하고 자주 아프다고 해서 나이 들어가면서 약이나 먹고 병원 신세 지는 것보다 골프를 하는 것이 건강에도 좋고 경제적이어서 억지로 골프를 하도록 권했는데 사모님이 필드에 나오면 공을 잘 맞추지 못해도 골프를 너무 좋아하게 돼서 건강도 좋아지고 약 먹는 횟수도 줄었다고 하셨다.

또 다른 원장님의 사모님은 약간 뚱뚱한 편으로 운동을 싫어하셨는데 역시 환갑이 다 되어서 골프를 시작하셨다. 잘 치지는 못해도 남이 한 번 치면 두 번 치는 거리로 또박또박 그저 볼을 맞추는 식으로 걸어가며 운동하는 모습이 인상적이었다. 최근 관절염 때문에 고생 하셨는데도 불구하고, 수술 후 다시 운동을 시작하셨다는 소식을 듣고 너무 반가워 조만간 두 분을 모시고 운동을 하러 갈 계획이다.

평소 건강이 좋지 않고 운동도 즐기지 않는 허약한 아내를 위해서 함께 운동을 할 수 있도록 환갑이 넘어서도 애써 골프를 배우게 하고 건강을 챙겨주는 두 분 원장님의 애틋하고 정성 어린 사랑이 노부부를 더욱 가깝게 만들어주는 것 같다. 병이 들어서야 건강의 가치를 알 수 있듯이 나이가 들어가면서 부부가 함께 건강을 챙기고 즐거움을 나누는 운동으로써 골프의 매력을 더욱 더 느낄 수 있게 된 것 같다.

개인적으로 소박한 꿈이 하나 있다면 회사 일을 조금 줄이고 더 늙기 전, 걸을 수 있을 때 아직 가보지 않은 우리나라 시골 구석구석을 찾아다니면서 운동도 하고 여행도 해보고 싶다. 전국 240여개의 크고 작은 구와 시, 군 가운데 대도시를 제외하고 골프장이 있는 군 단위의 시골을 우선 택해 매주 한 지역씩 순회하면서 운동도 하고 각 지방 특색의 문화를 직접 체험하고 특산품 음식을 먹어 볼 수 있는 기회를 갖고 싶다.

단순히 여행 가방을 메고 떠나는 것보다 낯선 곳의 잔디밭을 거닐며 담소하다 가던 길을 멈추고 노을 진 석양을 바라보고 감탄도 하고, 늦가을 낙엽을 밟으면서 우리가 늙어가고 있음을 느끼는 것이 남은 인생을 더 값지게 사는 것이 아닐까?

딸, 손자 함께 하는 3대 라운딩의 꿈

동현수

(주)두산 사장

아내에게 골프채를 사주면서 골프를 권한 것은 2001년 경의 일이다. 운동이라고는 숨쉬기 운동 밖에 할 줄 모르는 아내는 골프채를 거들떠보지도 않았다. 하지만 나이가 들면서 점점 체력이 떨어지는 것을 느끼더니 어느 날 운동 삼아 골프를 시작하겠다고 마음 먹었다.

내가 직접 아내의 골프 선생으로 나섰다. "골프와 운전은 절대로 남편으로부터 배우지 말라"는 격언도 있지만 나는 전자제품을 뜯었다 다시 조립하던 어릴 적부터의 실력을 발휘, 마치 부품 조립하듯이 아내의 폼을 하나하나 뜯어고치며 가르쳤다. 가르치면서 배운다는 말이 있듯이 아내를 위해 시범을 보이다 보니 내 자신의 나쁜 버릇까지 알게 되면서 내 샷까지 덩달아 좋아지는 효과를 봤다.

레슨 과정에서 트러블도 많았지만 지금도 아내가 나의 레슨을 고마워하는 걸 보면 나의 눈높이 레슨이 성공 케이스가 아닌가 생각한다.

내 레슨의 핵심 포인트는 바로 칭찬이었다. "남자는 칭찬하면 어린애가 되지만 여자가 칭찬을 받으면 여왕이 된다"는 격언을 레슨에 최대한 활용했다. 내 스스로도 골프를 어렵게 배웠기 때문에 여자들에게 골프가 얼마나 어려운 운동인지 잘 안다. 특히 운동의 '운'자도 모르던 평범한 아내를 골프로 끌어내기 위해서는 특단의 대책이 필요하다고 생각했고 그 대안이 바로 '칭찬하기'였다. 요즘은 가끔씩 아내가 나를 레슨해주는 일도 있으니 참으로 인생은 돌고 도는 것인지도 모르겠다.

연습장을 두 번 가보고 바로 필드로 나가서 머리 올리던 날 아내는 허허벌판에 덩그마니 던져진 듯 헤매고 다녔다. 스윙을 하다가 넘어지고, 천방지축날아다니는 볼 때문에 정말 당혹스러운 표정이었다.

"잘했어. 처음 치는데 앞으로 나가는 것만으로도 당신은 골프 신동이다."

말도 안 되는 응원과 함께 용기를 주면서 도망간 공들을 용케 찾아와서 아내가 칠 수 있게 제자리에 놓아주었다. 이 때문에 다른 동반자들로부터 질투 어린 레이저 시선을 받기도 했다. 어쨌든 첫날 라운딩 이후 아내는 골프라는 세계에 푹 빠져들었다.

아내와 함께 골프를 치러 다니면서 가끔 둘 사이의 관계에 대한 오해(?)를 받기도 한다. 공도 주워주고, 언덕 올라갈 때 골프채로 끌어주고 뒤에서 밀어주고 하는 등 둘이 너무 사이좋게 골프를 치다보니 우리 둘 관계가 불륜인줄 알았다고 말한 캐디도 있었다.

나와 아내는 모두 진실한 교인으로 교회에서 장로와 권사를 맡고 있다. 그러다보니 주일에는 라운딩을 거의 하지 못하는 형편이다. 하지만 피치 못할 경우 오전 예배를 드리고 오후 막팀으로 예약해서 골프를 즐기고 있다. 우리 부부는 평소에도 긍정적이고 매사에 감사하는 마음으로 생활해 왔는데 10여 년 전 부부 간 골프를 시작하고부터는 주일에 아내와 함께 교회에 다니면서 심령에 주님의 말씀과 기도로 성령의 충만함으로 채우고 휴가나 휴일, 시간이 되는 평일에는 골프장에서 라운딩으로 몸과 마음에 기쁨과 즐거움으로 충만함은 채우는 생활을 즐길 수 있어 부부 골프는 우리 부부에게 더 없이 감사한 운동이 아닐 수 없다.

부부 팀끼리 운동을 할 때는 주로 2팀 이상 짜서 하는 편이라 여자들끼리 치는 일이 많은데 위계질서가 조폭 조직보다 훨씬 더 잘 갖춰져 있다는 일명 한국 아줌마 조직에서 형님, 아우하면서 지내다보니 여자들끼리도 무척 친하게 지내고 있고 그러다보니 전업주부인 아내도 사회성과 사교성이 많이 좋아졌다.

3년 전 여름휴가 때 LA 북쪽의 어느 골프장에서 아내는 큰 사고(?)를 쳤다. 버디를 무려 3개나 잡아내면서 자신이 미국 체질임을 입증했다. 같이 라운딩했던 나는 버디를 하나도 못 잡았는데 말이다. 14년 아내 골퍼가 26년 구력의 남편 골퍼를 코를 납작하게 만든 대첩의 날이었다.

부부 운동에서 시작해서 이제는 딸들, 사위들과 함께 할 수 있는 가족 운동이 되었으며 내년에는 손자에게도 골프를 가르쳐 3대가 함께 라운딩할 꿈에 부풀어 있다.

부부 골프가 주는 여덟 가지 즐거움

현천욱
김&장법률사무소 변호사

내 나이 만 62세, 아내 나이 만 60세. 20여 년 동안 우리 부부가 함께 골프를 즐겨온 것은 참으로 큰 인생의 즐거움이었다. 부부가 함께 해서 더 즐거웠던 골프의 즐거움을 꼽아봤다.

1. 건강에 좋다

Golf를 Green(푸른 잔디), Oxygen(산소), Light(햇빛), Foot(걷기) 이렇게 네 단어로 풀이해 본다. 아침 일찍 일어나기가 귀찮을 때도 있지만, 일단 나가면 너무나 행복하다.

양탄자 같은 푸른 잔디 위를 사뿐 사뿐, 7~8km 걸으면서 푸른 하늘과 구름을 쳐다보고 맑은 공기와 햇빛을 통해 비타민 D도 많이 흡수하니 참으로 좋은 운동이다. 건강이 안 좋아 골골하던 와이프는 골프 덕에 엄청 건강해졌다.

2. 부부 홀인원

우리 부부는 둘 다 홀인원을 한 경험을 가지고 있다. 그때마다 좋은 일이 많이 생겼고 두 딸도 제때에 시집을 갔다.

3. 실력 역전, 청출어람

20년 전에는 내가 와이프를 가르쳤는데 지금은 완전히 역전되어 내가 와이프로부터 코치를 받고 있다. 청출어람이라고 할까? 그러나 이 또한 즐거움이 아니겠는가?

4. 골프 후 즐기는 산뜻한 맥주 한 잔!

특히 대한민국의 목욕탕은 시설이 좋아서 골프 후 시원하게 목욕을 즐기고 나서 맥주 한 잔을 하면 끝내준다.

5. 창의성 풍부한 뽑기 게임

약간의 돈을 걸고 다양한 규칙을 만들어서 뽑기 게임을 즐기는 것도 한국 골프에서만 즐길 수 있는 즐거움이다. 와이프 몫을 내가 돈 내주고 시합을 하면 부부 사이가 더 좋아진다.

6. 생애 목표, 에이지 슈팅

우리 생애에 자기 나이와 똑같은 타수를 칠 수 있을까? 핸디 8인 와이프는 지금 실력을 계속 유지하면 너끈히 가능할 듯도 하다. 핸디 20인 나는 쉽지 않을 듯한데, 오래 건강하게 살면서 틈틈이 연습하면 나도 충분히 가능할 것으로 믿는다. 88세에 88타는 가능하지 않을까?

7. 인생 업다운을 마인드 컨트롤하다

우리 인생에는 희로애락이 교차한다. 골프도 버디 후 OB를 치는 경우가 허다하다. 한 타를 실수하면 그 여파가 오래 가기도 한다. 늘 긴장을 풀지 말고 한 타, 한 타에 정성을 다해야 한다. 인생도 마찬가지다. 우리 부부도 골프를 치면서 인생의 애환을 배운다. 잘 나간다고 자만 말고, 실수했다고 낙담하지 말고 다시 도전하는 것이 골프다. 인생도 그러하리라. 넬슨 만델라의 말이 떠오른다. "인생의 가장 큰 영광은 결코 넘어지지 않는 것이 아니라, 넘어질 때마다 다시 일어서는 데 있다"

8. 아름다운 사계절 풍광과 함께 하는 황혼의 골프

황혼에 두 부부가 저녁노을을 배경으로 사이좋게 담소하며 골프를 치는 광경은 한 폭의 그림이다. 그런 모습을 그리며 오래오래 건강하게 같이 운동을 하여 에이지 슈팅을 목표로 골프를 즐기고 싶다. 대한민국을 금수강산이라 하는데 골프장에서 사계절의 변화와 풍광을 음미하는 것도 골프의 큰 즐거움 중의 하나다. 특히 10월은 골프장에서 단풍을 맘껏 즐길 수 있어서 좋다.

90세까지 즐기는 평생 골프

김재성
SFT Inc.(Samsung Fashion & Textiles) 대표이사

골프는 공을 가지고 즐기는 게임 중에서도 정지된 상태의 공을 타격하면서 진행되는 전략적인 게임이기 때문에 순간적인 운동 신경이 떨어지는 내가 가장 즐기는 스포츠이다.

공을 치기 전의 제반 상황을 파악하고, 어떤 방법으로 어떻게 공을 칠지 선택, 결정하고, 실제로 공을 치고, 그 결과를 스스로 평가하는, 즉, P(Plan)−D(Do)−C(Check)−A(Act)를 반복해가며 전략적으로 목표를 향해 진행해 나가는 것이 마치 회사 경영이나 업무를 처리해 나가는 과정을 보는 것 같아 골프를 더욱 즐기고 있다.

골프나 사업, 그리고 우리의 삶 모두 같은 이치가 아닐까? 모든 것이 자신의 책임이며, 결과보다도 그 과정을 즐겨야 한다는 점에서도 통하는 바가 크다고 생각한다. 그래서 사람을 파악해 보려면 그 사람과 골프를 같이 쳐 보라고 하는지도 모르겠다.

잘 치는 것보다 오래 즐기는 것을 인생의 목표로 삼고 있다. 골프를 오랫동안 즐기기 위해서는 신체적 건강, 골프를 즐길 수 있을 정도의 기술, 함께 즐길 수 있는 동반자, 일정한 경제력, 이 네 가지가 필수다.

내가 이런 생각을 하게 된 것은 1926년생으로 올해 89세이신 장인 어르신을 보면서부터다. 우리 부부와 매달 골프 라운드를 즐기시는 장인 어르신의 모습을 보면서 나도 목숨만 허락한다면 내 의지와 관리로 충분히 90세까지 골프를 즐기겠다고 마음먹었다. 일찍이 혼자가 되신 장인어르신의 생활에서 골프를 빼면 무슨 즐거움이 있을까 할 정도다.

작년 봄까지 회원이시던 골프 코스의 최 연장자 조로 격주에 한 번씩 주도적으로 조 운영을 하시며 라운드를 즐기시다가 불행히도 한 분이 빠지시는 바람에 조가 해체 되고 나서는 얼마나 낙담을 하셨는지 모른다.

이후 우리 부부가 한 달에 한 번씩 모시고 라운드를 하게 되면서 고생하시던 입스(Yips)도 나아서 얼마나 기뻐하시던지. 지난겨울에는 생애 마지막이 될지도 모른다면서 베트남 골프 여행까지 즐기셨다. 가까운 나라를 권해드렸지만 이미 모두 다녀보셨다고 하시면서 5시간 넘는 비행을 마다하지 않으셨다.

이후 자신감을 더 얻으셔서 요즘에는 일주일에 2~3번씩 스포츠 센터에서 골프 연습에 더욱 매진하시며 올 겨울도 생애 마지막이 될지도 모르신다고 은근한 압박(?)을 하고 계신다.

특히 나는 오래 전부터 가능한 다양한 분야의 다양한 연령대로서 함께 골프를 즐기는 사람들과 교유하려고 노력하고 있다. 골프를 서로 즐기면서 삶에서나 비즈니스에서 서로 많은 경험과 영감을 주고받을 수 있는 덤까지 얻을 수 있기 때문이다.

사위와 딸들이 아직 젊고 직장생활로 바빠서 여유가 없지만, 하루빨리 골프를 즐기도록 하여 조만간 3대가 함께 라운드 할 수 있기를 소망해본다. 즐길 수 있을 때까지 동반자 걱정도 없도록.

It's not over till it's over.

But It's already over as you think it's over.

끝날 때까지 끝난 것은 아니다.

하지만 끝났다고 생각하면 이미 끝난 것이다.

아내가 변했다!

유방희
한화토탈(주) 고문

아내가 골프에 입문한 것은 지금으로부터 6년 전쯤의 일이다. 위로 두 아이가 대학에 진학하고 막내가 고2가 되던 해, 골프채를 사서 집 근처 연습장에 등록을 하고 본격적으로 골프를 배우기 시작했다.

원래 아내는 운동을 좋아하지 않는 편이다. 등산은 물론이고 걷는 것도 귀찮아하고 힘들어 할 정도다. 동남아에서 해외 주재원 근무를 4~5년 한 적이 있었다. 동남아는 날씨도 따뜻하고 골프 비용도 비교적 저렴해서 주재원들이 골프를 배우기 아주 좋은 여건을 가지고 있어서 실제로 이 때 골프에 입문하는 주재원 아내들이 참 많았다.

하지만 아내는 그때도 골프에 관심을 보이지 않았다. 성격도 내향적이어서 남들과 적극적으로 편하게 어울리는 편도 아니었다.

그동안은 아이들 키우느라 정신없이 지냈지만 아이들이 모두 대학에 진학하고 나면 가정주부들에게 쉽게 나타난다는 우울증을 앓을 수도 있겠다는 생각에 한편으로는 걱정이 되기도 했다. 그래서 아내에게 적극적으로 골프를 권했다.

처음 골프를 배우겠다고 했을 때도 긴가민가했는데 막상 골프를 시작하고 나서 생각지도 못했던 놀라운 변화가 일어났다. 예전에는 TV를 봐도 주로 드라마 위주로 시청했으나 골프를 배우고 나서는 골프 관련 프로그램 위주로 채널이 고정되기 시작했다. 하루 종일 골프 채널에 빠져있기도 하고 골프 관련 책을 열심히 읽다가 잠드는 날도 있었다. 한마디로 골프에 푹 빠져서 마치 학창시절에 공부하듯이 골프를 공부하는 것이었다.

탤런트나 가수 같은 연예인보다 국내외 유명 골프 선수들의 이름을 더 잘 알게 됐고 이들의 경기 성적까지 줄줄이 꿰고 있을 정도가 됐다. 골프 이론에 대해서도 이제는 나보다 더 해박한 지식을 갖고 있다.

골프는 아내의 일상생활 패턴뿐만 아니라 성격까지 바꾸어 놓았다. 내향적이고 늘 수동적이던 아내가 지금은 직접 나서서 주도적으로 골프 모임을 만드는 등 사람들과의 교제에도 적극적으로 변해갔다. 골프 덕분에 만나는 사람들의 범위도 크게 넓어진 것이다. 골프 모임을 통해 만난 사람들은 대체로 즐거운 생각과 긍정적인 마인드를 갖고 있는 사람들이라 이들과의 교제가 생활에도 큰 활력이 되고 도움이 됐다.

골프를 잘하기 위해서는 체력이 중요하다는 것을 깨닫고 나서는 팔다리의 힘을 키우기 위해 웨이트 트레이닝과 걷기 등 운동을 열심히 하고 있다. 퍼터 연습을 하루에 2시간씩 하기도 하고 어프로치 연습을 반나절씩 하기도 한다.

산에 가거나 여행을 가서 나보다 더 빠른 걸음으로 앞장서서 걸어가는 아내의 모습을 보고 놀라면서 한편으로는 감사한 마음을 갖게 됐다. 이제 우리 부부에게 골프는 건강 관리의 중요한 수단이자 부부가 함께 즐기는 즐거운 운동이 되었다.

이전에는 주말에 나 혼자 나가서 골프를 하고 오면 아내에게 미안한 마음이 들어 골프를 나갈 때마다 큰 부담이었다. 아내 입장에서도 내가 가족을 소홀히 한다는 것이 큰 불만 사항이기도 했다.

하지만 이제는 내가 골프 모임에 자주 나가더라도 아내가 잘 이해해주고 있다. 골프가 부부의 공통 화제가 되다보니 대화도 많아지고, 친구처럼 가까워질 기회도 많아졌다. 이것이 모두 아내가 골프를 시작하고 난 후부터 달라진 변화다.

가을이면 단풍 구경을 따로 갈 필요도 없고 골프장에서 단풍놀이를 즐기고 겨울에는 친구 부부와 함께 골프백을 짊어지고 따뜻한 지역으로 떠나 추위를 피한다. 이제 골프는 우리 부부의 건강을 지켜주고 있고 집 분위기를 밝고 즐겁게 만들어 주고 있는 필수 비타민이 되었다.

주말이 기다려지는 이유

양진영
동부팜한농 상무

"까똑"

아내로부터 카톡 메시지가 하나 날아왔다. 열어보니 골프장에서 보낸 스코어 카드가 담긴 한 장의 사진이다. 우리 부부는 라운딩 후에는 꼭 스코어 카드를 카톡으로 보낸다. 그런데 오늘은 심상치 않은 느낌이다. 사진에 이어 카톡 문자가 바로 이어졌다.

"여보, 나 이븐 쳤어요."

이븐이라고? 아니 웬 이븐? 아니…어떻게 이븐을? 난 아직 싱글도 못했는데…. 스코어 카드를 꼼꼼히 살펴보니 전후반 버디 하나, 보기하나 스코어 카드도 아주 깔끔하다. 다시 카톡이 왔다.

"여보, 오늘 일찍 들어와요. 축하 파티 해야지…"

평소에도 집에서 아내와 술 한 잔씩 하는 것을 즐겨하는 편이다. 그렇지만 오늘은 특히 기분이 더 좋다. 재미있는 안줏거리가 있으니 술맛이 더 좋을 수밖에.

식탁에 앉자마자 아내는 스코어 카드 복기를 시작한다. 1번 홀부터 18번 홀까지 거의 놓치지 않고 중계방송을 하는데, 마치 내가 함께 라운딩을 하고 있는 것처럼 생생하다.

"아…, 그 어려운 퍼팅을…"

"역시 당신은 위기에 강해…"

"마지막 홀 퍼팅하기 전에 기분이 어땠어?"

이렇게 공감을 해주면서 경청을 하면 아내는 더 신이 나서 필드에서 일어났던 상황에 대해 설명하느라 정신이 없다.

부부 간의 문제를 상담하는 부부 클리닉 같은 프로그램을 보면 강사들이 예외 없이 하는 이야기가 부부가 대화를 많이 해야 한다고 한다. 하지만 말이 필요 없을 정도로 오랜 시간 한솥밥을 먹어온 부부 사이에 대화를 즐겨 한다는 게 결코 쉬운 일은 아니다.

뭔가 공통의 주제와 목표를 가지고 해야 하지만 그것마저 10분을 넘기기 힘든 게 현실이다. 그런데 골프를 시작하면서 우리 부부는 정말 대화가 많아졌다. 우리 부부가 골프 대화를 시작하면 지켜보던 애들이 옆에서 한마디 한다.

"도대체 무슨 스포츠가 그렇게 할 말이 많아요?"

2000년 1월 1일, 새 천년을 기념하여 뭔가 새로운 것에 도전해 보겠다고 시작한 아내의 골프가 어느덧 15년이 되었다. 버킷리스트에 아내와 취미생활 함께 하기를 적고 나서 많은 것을 함께 해 보았으나 이렇게 꾸준히 하는 것은 역시 골프 밖에 없다.

비록 함께 하는 라운딩은 1년에 두세 번 정도이지만 꼭 필드에 나가야지 맛인가? 아내와는 매주 연습장을 함께 가는데 이 때문에 늘 주말이 기다려진다. 연습하면서 타 먹는 커피 한잔과 사과 한 쪽, 그리고 서로의 스윙을 봐주면서 더욱 더 깊어지는 사랑의 감정. 이것이 바로 부부 골프만이 가질 수 있는 최고의 매력이 아닐까?

골프는 돈이 많이 드는 운동인데다 한번 골프장에라도 가서 운동을 하려면 온종일 시간을 빼앗긴다. 많은 사람들이 골프를 쉽게 즐기지 못하는 가장 큰 이유도 바로 이것이다.

하지만 부부 골프는 예외가 아닐까 싶다. 부부 골프는 돈과 시간을 떠나서 부부의 관계를 긴밀하게 만들어주는 운동이기도 하다. 우리 부부가 골프에 한창 맛을 들였던 때는 조금이라도 돈을 아끼기 위해 싼 퍼블릭 코스를 찾아다녔는데 지금 생각해보며 잊지 못할 추억이다.

이른 새벽, 아내는 주먹밥을 싸서 운전하는 내게 먹여주고 커피도 뜨거울까 호호 불어서 건네준다. TV에서 젊은 연인들이 데이트를 하면서 서로 음식을 먹여주는 장면이 부럽지 않다. 퍼블릭 골프장이라 집에서 좀 먼 거리이지만 멀면 또 어떠리. 둘 만의 오붓한 시간이 조금 더 길어지는 것뿐인데. 골프를 꼭 경제적으로 부유해만 즐길 수 있는 스포츠라 할 수 있을까. 각자 형편에 맞게 즐길 수 있는 옵션은 얼마든지 있다.

내 아내는 골프 천재

박흥석
(주)안세 상무

우리 부부는 서로 성격이 너무 달라서 같은 취미가 거의 없고 내가 전형적인 경상도 사나이라 집에서는 부처처럼 지낸다. 나는 휴일이면 지인들과 골프장을 즐겨가거나 혼자 연습장에 가서 샷을 점검하며 시간을 보내고 집에서 쉴 때는 뉴스나 골프 채널을 보면서 소일한다.

아내는 주말이면 혼자 백화점에서 쇼핑을 하며 식품점에서 거닐며 맛있는 것을 같이 먹거나 시간이 나면 같이 근교에 자동차로 드라이버를 같이 하길 바라고 집에서는 드라마를 보며 드라마 작가 수준이 떨어진다고 매일 불평하면서도 그 다음 스토리 전개를 기대하는 전형적인 아줌마다.

부부라는 이름으로 살아가며 서서히 권태기와 함께 말다툼이 점점 잦아드는 시기에 어느 날, 같이 나이 들어가며 오래 함께 할 수 있는 게 골프라는 얘기를 주변 친구로부터 듣고 무작정 골프채를 사고 집 근처에 있는 실내 연습장에서 3개월 레슨을 등록하여 다녀보라고 권했다.

처음에는 자기하고 맞지 않는 골프를 억지로 하게 한다고 내내 불평이었으나 연습장에 다닌 지 한 달이 지난 어느 날 "레슨 코치가 폼이 매우 좋고 파워도 있고 다른 사람보다도 배우는 게 빠르다고 칭찬한다"는 이야기를 저녁 식사 자리에서 꺼냈다.

얼마 전 여름휴가를 맞아 친구 부부와 함께 라운딩을 하는 날 그린 밖에서 어프로치한 볼이 쑥 들어가 버디를 한데 이어 다음 홀 파 3에서 친 볼이 깃대를 맞고 옆에 붙여 또 버디를 하더니만 그날 88타를 기록했다. 아내는 경기가 끝나고 나서 내게 다가오더니 이렇게 말하며 놀렸다.

"여보, 난 정말 골프 천재인가 봐. 그런데 당신은 십 수년째 골프 치면서 그게 뭐야."

그 모습이 너무 귀여워서 웃음이 떠나지 않았다.

요즘 친구들과 만나 자연스레 골프 애기가 나오면 평생 한번 해 본 88개 스코어를 자기 핸디라고 자화자찬하며 요즘 나보다도 골프 관련 소식에 더 밝다.

어느 여자 프로가 몇 승을 했고 어느 프로는 실력보다 옷 치장에 너무 신경 쓴다고 하는 등 골프 애기로 서로 대화가 시작되면 그동안 삭막했던 집안 분위기가 단 번에 화기애애하게 변하게 된다. 게다가 서로를 이해하는 맘도 전보다 더 커져 둘 사이 견해 차이도 좁혀져가는 것이 모두 다 골프 덕분이라고 자신 있게 말할 수 있다.

내가 혼자서 주말 골프를 치고 오는 날이면 처음 던지는 말이 하나 있다.

"오늘 캐디는 예뻤어?"

그리고 나서는 바로 "나 캐디에 쓸데없이 말 거는 남자들 너무 속없이 보이더라"하며 은근히 주의를 주는 아내가 점점 좋아지고 여자로 보인다.

실력은 아직 백돌이 수준이지만 골프 약속이 정해지면 뭘 입고 갈까 하며 한 달 전부터 고민에 빠지는 아내. 이번에는 예쁜 옷 한 벌 장만해야겠다며 나선 골프 할인 매장에서 구경만 하다가 남보다 패션이 못하면 집안 망신이라며 내 옷만 사주는 아내 이런 아내를 변화시킨 골프가 너무 고맙기만 하다.

우리 부부가 달라졌어요!

김금희
SA홀딩스(주) 대표

대한민국의 부부들 대다수가 비슷한 과정을 겪었을 것이다. 결혼과 동시에 아이를 갖고 남편은 가정의 가장으로서 직장 일에 매진하기 바쁘고, 아내는 자녀 양육에 건강했던 젊음을 바치게 된다. 그러다보니 자녀들이 다 성장할 때까지는 부부 서로가 개인적인 대화를 나눌 기회가 많지 않다. 어쩌면 이것이 대한민국 부부들의 현주소일지도 모르겠다.

그런데, 정작 그보다 더 큰 문제는 자녀를 다 키운 이후에 발생한다. 아내는 갑작스럽게 다가온 무료한 하루하루와 함께 갱년기가 겹치면서 삶의 무미건조함을 느끼게 된다. 이것을 극복하기 위해 여러 가지 여가 생활에 눈을 돌려보지만 마땅한 대안을 찾기 힘들다. 게다가 남편과 함께 하는 여가 생활을 찾는다는 것은 더더욱 어렵다.

나는 그런 상황에 처한 부부들에게 골프만한 대안이 없다고 강력하게 주장하고 싶다. 물론 다른 여가 활동보다는 다소 많은 비용이 드는 것이 단점이라면 단점이지만 다음 몇 가지 사항에 대해서만큼은 비용 대비 확실한 효과가 있다고 생각한다.

첫째, 부부 간 대화가 많아졌다. 아내와 골프를 함께 즐기면서 바뀐 가장 큰 변화는 부부 간 대화가 급격히 늘어났다는 점이다. 그 전까지는 아내와 대화를 한다고 해도 옆집 사람, 학부형, 드라마와 관련된 이야기였다. 아내가 애기하는 대상자의 성향도 모르고, 심지어 얼굴도 모르는 상태에서 대화를 하다 보니 맞장구를 칠 수도 없어 대화가 일방적으로 흐르기 일쑤였다. 자연스럽게 대화 자체도 시들해지고 말았다.

하지만 골프를 같이 즐기고 나서부터 상황이 반전됐다. 골프가 대화의 중심이 되자, 골프를 함께 즐기는 사람, 골프 용품을 포함한 물건들, 장소, TV 프로그램, 더 나아가 앞으로의 골프 관련 계획 비전까지 어떤 대화를 하더라도 서로의 공통 관심사로 대화를 나누다보니 대화 소재도 넓어지고 대화도 풍부해졌다.

둘째, 부부 간 기쁨이 많아 졌다. 어느 날인가 바쁘게 고객사와 미팅 중에 아내로부터 전화가 걸려왔다. 전화를 받아보니 활짝 핀 목소리로 오늘 일찍 들어오라고 하는 것이었다. 무슨 일인가 했더니, 연습장에서 공이 쭉쭉 높이 날아갔다며 빨리, 필드에 나가자고 조르는 것이었다.

거의 아이들 대학 합격 소식에 버금갈 정도로 기뻐하는 모습이었다. 남편인 나도 마찬가지다. 버디를 많이 했다든지, 싱글을 했다든지, 홀인원까지 했

다면 함께 기쁨을 나눌 수 있다. 그런 일이 있고 나면 한동안 부부의 금슬은 한마디로 '대한민국 만세'다. 아내 역시 조금씩 골프 실력이 나아질 때마다 화색이 20대로 돌아간다. 물론, 남편에 대한 서비스도 최고다.

셋째, 아내가 진취적으로 변했다. 대부분의 남편도 그런 과정을 겪었듯이 아내도 필드에 처음 나아가면 뭔가 보여주려는 욕심에 골프가 잘 안된다. 당연한 과정이다. 아내든 남편이든 골퍼들은 똑같다. 골프장으로 향해 갈 때 각오와 달리 골프를 마친 후에 기분은 항상 아쉬움이 남기 마련이다. 중요한 점은 돌아오는 차 안에서의 분위기다. 아내는 남편에게 엄청 오늘 골프가 안된 이유를 하소연한다. 이때, 남편이 아내의 변명을 편들어 주며 다음에 잘될 거라고 다독여주면, 아내는 즐거움에 더 말이 많아지고, 다음 라운딩까지 목표와 잘 될 것이라는 기대감에 부부 관계가 화기애애해 진다.

넷째, 이해와 배려심이 충만해진다. 아내는 부부 동반 골프 운동을 통해서 남편과 주기적으로 꽃놀이 여행을 떠나는 여유와 초창기 연애 시절을 만끽하게 되는데, 동반 라운딩이 거듭될수록 부부 상호 간 서로가 좋은 샷을 응원해주고, 기뻐해주고, 아쉬운 샷은 함께 아쉬워하고 격려해주면서 자연히 상대방에 대한 이해와 배려심이 충만해진다. 이런 분위기가 사회생활에서도 나타나게 되면서 긍정적인 생활로 이어진다.

부부의 정신 건강 지수 향상에 이만한 여가 활동이 또 있을까?

한국 골프 발전을 위한 몇 가지 생각들

일자리 창출의 핵심, '2인 캐디제'

‘

심판은 없어도 캐디 없으면…

골프는 참으로 이상한 운동이다. 모든 스포츠에 반드시 있어야 하는 심판이 없는 대신에 엉뚱하게 캐디가 있다. 심판은 없어도 경기를 하는데 전혀 문제가 없지만 캐디가 없으면 경기 자체가 어렵게 된다. 캐디는 골퍼와 함께 다니면서 경기의 처음부터 끝까지 골퍼와 함께 한다. 이렇게 심판보다 훨씬 더 중요한 캐디의 역할에도 불구하고 국내 골프장들은 최근 들어 '노(NO) 캐디제'를 운영하기 시작했다.

이것은 야구 경기에서 주루심을 없애겠다는 발상과도 같은 것이다. 왜 이렇게 우스꽝스러운 일이 현실화 되고 있는 것일까? 그것은 바로 골프와 관련된 비용 문제 때문이다.

최근 국내 경제 성장이 둔화되어 일자리가 줄고 소득이 줄어들면서 골프장을 찾는 골프 인구마저 주춤하는 추세다. 이에 따라 많은 골프장들은 그린 피 할인 등의 대책을 마련하고 있지만 꿈쩍도 하지 않는 세금을 제외하고 손쉽게 비용절감에 나설 수 있는 부분이 사실상 캐디 피 밖에 없기 때문이다.

여기서 꼭 집고 넘어가야 할 내용이 하나 있다. 일반 필드에서는 어렵다고 하는 언더파 기록이 스크린 골프에서는 쏟아져 나오는 이유는 여러 가지가 있겠지만 스크린 골프 시스템이 캐디의 역할을 100% 정확하게 수행해주기 때문에 가능한 것임을 알아야 한다.

한국 여자 골프가 세계 골프계를 주도하고 우리 선수들이 벌어들이는 상금액수가 연 350억 원에 이르고 있다. 또 몇 년 전부터 우리 기술로 만들어 세계 시장을 점령하고 있는 스크린 골프장이 노래방 수준으로 전국에 산재해서 골프가 이미 대중화되고 있다.

이런 마당에 아직도 정부는 '골프는 사치성 운동'이라는 30년 전의 인식에서 벗어나지 못하고 소비세를 그대로 붙여 두고 있는 것이다. 여기에다 골프장에 딸린 토지와 건물에 붙이는 재산세율도 일반 기업에 비해 16배나 높다.

국가와 지방단체가 골프에 부과하는 세금을 자세히 들여다보면 이용과 관련된 세금만 1인당 2만5000원 가량이다. 부유세로써 개별소비세(국세 1만 2천 원)에다 농특세, 교육세, 부가세(9000원)가 따로 붙고 골프에만 붙이는 체육진흥기금(3000원)까지 합치면 이용세만으로도 2만4000원이 들어간다. 대개 4명이 한 팀을 구성하니 팀당 한 라운딩 시 딱 10만 원이 들어가는 셈이다.

캐디 한 명에 대략 12만 원의 캐디 피를 부담하고 있는 데 여기에 부과되는 세금(10만 원)을 캐디피로 전환시킨다면 추가적인 부담 없이 2인 캐디제를 당장 시행할 수 있게 된다.

일자리 5만 개 창출 효과

이럴 경우 현재 전국의 골프장 수를 500개라고 가정하고 하루에 라운딩 수를 곱하면 매일 약 2만5000개의 새로운 일자리가 생기는 것을 의미한다. 이 숫자는 한 달 30일 근무 기준이라 격일제(1인당 15일) 근무로 나눈다면 자그마치 월 150만 원 수입의 일자리가 전국적으로 5만 개나 만들어진다는 얘기다.

여기에다 대부분의 산업과 시설이 수도권에 집중된 것과는 달리 골프장의 경우, 전국적으로 골고루 분산되어 있어 지방주민의 일자리 창출에 특히 유리한 상황이다.

정부가 청년 고용절벽 해소를 위해 2017년까지 20만 개 이상의 청년 일자리를 창출하겠다는 의욕적인 계획을 발표했지만 현재 우리나라 산업의 고용 창출 능력이 마른 우물 수준에 이르러 이 계획의 실현 가능성이 매우 어렵다는 지적이 나오고 있는 상황이다.

그동안 우리 경제를 주도적으로 이끌어 가던 대규모 제조업들이 글로벌 경쟁시대를 맞아 인건비 증가와 시장의 변화 그리고 중국 등 후발 국가들의 맹추격 등으로 공장을 해외로 이전하고 인력 효율화를 생존 전략으로 삼고 있는 등 국내에서의 고용과 일자리 문제는 최대 핵심 과제로 떠 오른지 오래다.

이제는 골프와 같은 대표적인 *비교역(非交易) 서비스 산업분야의 일자리를 확충하는 것이 가장 실질적이고 적절한 고용 대책이라고 생각한다. 잘 알다시피 중국이나 동남아 국가들은 지금도 골프장엔 2명도 모자라 4명 캐디제를 운영하면서 실업률을 낮추고 국민들의 일자리를 만드는 정책을 펼치고 있다.

혼자서 4명의 골퍼를 상대하기가 너무 힘들고 버거워서 캐디가 3D 업종에 포함되어 있지만, 만일 2인 캐디제로 전환된다면 직업 선호도도 높아질 것이며 그 외의 다른 불미스런 일들도 사라질 것이다.

지금도 어려운 가정 경제를 감당하기 위해 남편 몰래 야간에 노래방 도우미를 하는 주부들이 많다. 그들을 밝고 건전한 일터로 나오게 하는 긍정적인 효과도 기대할 수 있을 것이다.

* **비교역(非交易) 서비스 산업 분야**

일반적으로 국가 간 거래가 가능한 제품을 교역재라고 하는데 비해 국가 간 거래가 어려운 서비스업을 비교역재라고 부른다. 비교역재의 경우 두 나라 사이에 가격 차이가 나더라도 차익거래가 이뤄질 수 없다는 특징이 있다. 뉴욕에서 구두를 닦는 것보다 한국에서 구두를 닦는 비용이 싸다고 해서 매일 신는 구두를 닦으러 비행기를 타고 뉴욕에서 서울로 날아오기 어렵기 때문이다.

나누는 골프를 확대하자

‘

골프의 본질에 다가서다

　　우리 사회에서 골프가 빠르게 대중화되어 가고 있다고 하지만 아직도 가진 자들의 스포츠로 인식되고 있다. 최근 골프장 건설이나 운영에서 친환경 개념이 도입되면서 환경 훼손이나 파괴에 대한 인식은 많이 해소되었지만 고비용 스포츠라는 반감은 아직도 많이 남아 있다.

골프 산업이 발전하고 골프 문화가 성숙되려면 무엇보다도 자선과 나눔의 가치관이 확산되어야 하고 골프장 운영 주체와 골퍼 그리고 골프와 관련해서 생활을 영위하고 있는 모든 관련자들의 노력이 함께 어우러져야 한다.

군포에 있는 A골프장은 매년 5월 중순 경에 하루를 일반인에게 무료로 개방한다. 이날은 누구나 골프 코스를 거닐며 봄의 정취를 느껴볼 수 있게 하는 제도다. 인근에 위치한 사회복지시설의 장애인과 독거노인들도 초청해 위안 잔치를 벌인다고 한다. 게다가 골프장 주위를 4킬로미터 가량의 산책로로 만들어 주민들이 건강 관리를 할 수 있는 공간으로 제공하고 있어 주민들로부터 사랑받고 있다고 한다.

경기도의 E클럽은 매년 인근 사회복지시설 어린이들을 초청, 나비 날리기 행사를 갖는다고 한다. '나비야 날아라'로 이름 붙여진 행사는 골프장 구경을 해보지 못한 불우환경 어린이들에게 관람 기회를 제공하고 일반인들에게는 골프장이 농약을 과다하게 살포함으로써 환경 파괴의 주범이 되고 있다는 잘못된 인식을 바꾸는 데도 도움이 된다고 한다.

경북 상주에 있는 B골프 코스 옆에는 논과 밭이 있어 여기서 재배한 쌀과, 배추, 무의 상당 부분을 이웃돕기에 쓰고 있다. 이 업체는 이곳 외에도 경주 B골프장과 용인의 Y골프장을 운영하고 있는데 3개 골프장에서 매월 독거노인들을 후원하는 등 나눔 활동을 펼치고 있다. 이 골프장은 나눔 활동은 직원 뿐만 아니라 고객들도 동참한다. 각 골프장에서 매년 지역 자선 골프 대회를 열고 성금을 모아 나눔 활동에 보태고 있다.

이웃과 함께 하는 나눔의 골프

경기도 파주에 있는 S골프클럽은 2000년부터 매년 지역 주민들과 한류 팬들이 함께 하는 축제 한마당, '그린콘서트'를 개최하고 있다. 이 행사가 열리는 날이면 골프장 코스 잔디밭을 무료로 개방하고 있는데 4만 명이 넘는 사람들이 다녀간다고 한다. 잔디밭에 텐트도 치고 가져온 음식을 먹으면서 아이들과 씨름도 하고 축구도 하고 배드민턴을 치면서 하루를 보낸다. 행사 당일 수익금을 지역 주민과 보육원에 전달하고 있다.

이 행사는 초창기 지역 주민들과 함께 하기 위해 개최됐지만 지금은 국내 최정상급 스타들이 총출연하면서 한류 팬들이 찾기 시작, 아시아 지역 축제로 발돋움 했다. 가진 게 있으면 함께 나누려는 것이 이 골프장 오너의 철학이라고 한다. 가진 자의 도덕적 의무를 의미하는 '노블리스 오블리제'는 명예만큼이나 의무를 중시했던 유럽 귀족 가문의 가훈에서 비롯된 말이다. 신라 시대의 화랑도 조선 시대의 선비 정신 등과 일맥상통하는 이 말은 이 시대 사회 지도층이 가져야 할 주요 덕목이다.

과거 스코틀랜드 지방의 가장 지위가 낮았던 어부나 양치기들의 놀이에서 비롯된 골프가 미국을 거쳐 일본을 통해 80여 년 전 우리나라에 상륙한 이후 오늘날 귀족적인 운동으로 변하여 사회적 갈등을 야기하고 국민들로부터 엄청난 비난을 받게 된 것도 골퍼들의 잘못에서 비롯됐다고 할 수 있다. 룰, 매너, 에티켓으로 대변되는 골프도는 눈을 씻고 찾아봐도 없고 오로지 자기 과시의 수단이나 승부에 대한 집착만 남아 있는 모습을 보면 안타까움을 금할 수 없다. 골프가 앞으로도 더 많은 국민들의 사랑을 받는 스포츠로 거듭나기 위해서는 특정 계층만을 위한 자기 과시의 스포츠가 아니라 이웃과 함께 하는 나눔의 골프가 더욱 확대돼야 할 것이다.

골프금지령, 이제는 해제할 때

‘

공무원들의 필명(?)

우리나라 골프는 2000년 중반 이후 박세리 키즈의 대거 출현과 함께 사실상 세계 여자 골프계를 지배하고 있다. 남녀 프로 골프 선수들이 해외에서 벌어들인 상금 규모가 2014년 390억 원에서 2015년에는 무려 450억 원을 넘어설 정도로 국내 경제에 미치는 영향이 커지고 있을 뿐만 아니라 세계 골프계의 중심에 확고하게 자리를 잡고 있다.

골프 산업에서도 우리나라는 세계 중심을 향해 가고 있다. 우리나라의 강점인 우수한 IT기술을 골프에 접목시켜 개발한 스크린 골프 사업이 세계시장을 석권하고 있으며 골프가 국내 레저 및 소비 산업에 차지하는 영역도 점점 더 커지고 있다.

이러한 상황에도 불구하고 우리나라는 비용이 많이 든다는 이유로 골프를 대표적인 사치성 운동으로 여겨왔다. 특히 새로운 정부가 들어설 때면 흐트러진 공직 기강을 바로 잡는 상징적인 도구로 활용하는 등 골프를 정치적으로 이용해왔다.

그 결과, 우리나라 공무원들은 대부분은 '필명' 하나씩을 가지고 있다. 글을 잘 써서 작가 활동을 하느라 생긴 '필명(筆名)'이 아니라 골프장에 갈 때 사용하는 '필드용 이름', 필명이다.

정부는 사회적 이슈가 있을 때마다 골프 금지령을 내려 골프에 대한 부정적인 이미지를 조장해왔다. 그로 인해 공무원들이 특정한 시기에 골프장에 갔다는 사실이 화제가 되고 그로 인해 징계를 먹고 사퇴를 당하는 일이 다반사다.

3.1절 골프, 식목일 골프, 가뭄 대책 골프, 세월호 골프, 북한 상선 영해 침범 골프 등 나라에 크든 작든 사건이 있을 때마다 기강을 잡는다는 목적으로 다양한 형태의 골프 파문이 대표적인 사례들이다.

세계 골프계의 K팝, KLPGA 키우자

　　　　지난해 10월에 열린 2015년 프레지던츠컵골프대회는 바로 최고의 비즈니스 상품으로써 골프의 가능성을 보여준 시간이었다. 대회가 열린 6일 동안 MSNBC 골프 채널은 미국을 포함, 83개국 1억 2천만 가구에 생중계됐으며 226개국 32개 언어로 약 10억 명의 골프 팬이 시정했다. 말이 10억 명이지 지구 전체 인구의 1/6에 해당되는 사람들이 이 중계방송을 시청한 것이다. MSNBC의 진행자는 방송 내내 완벽하다는 뜻의 'Absolutely Perfect'라는 말을 연발했으며 경기 중간에 우리나라와 인천을 알리는 동영상, 그리고 맥아더의 인천상륙작전에 대한 소개, 인천 관광 명소와 남대문 등 우리나라를 알리는 영상이 반복적으로 소개됐다. 그 어떤 마케팅 방법이 전 세계에 대한민국을 이렇게 널리 알릴 수 있을까?

지난 2015년 2월 공직자 금품수수를 폭넓게 제한하는 일명 '김영란법'이 임시국회를 통과하여 2016년부터 9월부터 시행된다. 현행안이 그대로 시행된다면 100만 원 이상의 뇌물이나 금품을 수수하면 형법에 위반되게 되어 있어 더 이상 굳이 공직자들을 골프로 묶을 필요가 없게 되었다. 골프계에서는 내년 9월 이후를 오히려 걱정하고 있는 형편이다.

이러한 상황에서 골프 금지령은 더 이상 의미가 없다고 생각되며 이를 폐지하는 것이 바람직하다고 본다. 이제부터는 공직자 개인들이 필명을 지우고 정해진 가이드라인에 맞게 알아서 처신하고 판단하게 해야 할 것이다. 만약 단계별로 운영을 한다면 먼저 평일에는 휴가를 내서 골프를 치도록 허가하고 시행을 지켜보면서 공휴일이나 주말까지 확산하는 방법도 대안이 될 수 있을 것이다.

최고의 보약, 걷는 골프

‘

걷기가 최고의 보약

　　의학의 아버지라고 칭송받는 히포크라테스는 걷는 것이 최고
의 보약이라고 했다. 걷는다는 것이 상당히 단순하고 기본적인 움직임이라
고 생각하지만 결코 그렇지 않다. 한 걸음을 걸을 때마다 우리 몸 속 200여
개의 뼈와 600여 개 이상의 근육이 동시에 움직이고 모든 장기들이 활발히
작용한다고 한다.

걷기의 효능으로는 혈압과 콜레스테롤 수치를 낮추고 혈액의 점성을 줄여
응고를 막아 혈액 순환을 개선하며 체중을 감소시켜 심장의 부담을 줄여
준다.

관절과 근육을 움직일 수 있는 범위 내에서 최대한 많이 움직일 수 있는 능

력을 유연성이라 하는 데 유연성은 규칙적인 걷기나 스트레칭을 할 때 관절을 많이 움직이면 길러진다. 걷기는 유연성과 함께 균형 감각, 근력을 길러줄 뿐만 아니라 병에 걸릴 확률을 30%까지 줄여준다. 관절염은 관절 주변의 연골 조직이 닳을 때 생긴다. 이렇게 되면 관절이 정상보다 더 많이 움직이기 때문에 심한 고통을 동반한다. 걷기를 통해 근육이 단련되고 안정되면 관절염의 진행을 늦출 수가 있어 특히 중장년층 이상의 사람들에게 더없이 좋은 운동이다.

열량 소모가 많은 운동을 하면 지방세포로부터 에너지를 뽑아내는 능력이 급속도로 늘어난다. 열량을 소모하게 되면 몸은 혈당에 저장된 비상 에너지를 사용하게 되는 데 주로 앉아서 하는 일에만 익숙해져 있는 몸은 이 에너지를 급히 보충하는 능력이 떨어져 주로 초콜릿이나 비스킷 등의 음식을 통해서 에너지를 얻게 된다.

이에 반해 규칙적인 걷기를 하다보면 지방세포로부터 에너지를 추출하는 요소가 활동력을 얻게 되어 에너지 공급도 원활해지고 군것질에 대한 생각도 줄어든다.

걷기가 좋은 이유는 또 있다. 면역체계를 강화시켜 감기나 전염병에 걸릴 확률을 낮출 뿐 아니라 암 예방에도 효과가 있다는 연구결과가 이를 증명한다. 미국외과의사협회가 발표한 자료에 따르면 규칙적으로 걷기 운동을 한 사람의 경우, 장암에 걸릴 확률이 반으로 줄어든다고 한다.

2004년 세계 노화 및 신체활동학술대회에서 발표된 연구결과에 따르면 최소한 한 주에 네 번 정도 수동카트를 끌고 9홀을 걸어서 라운딩하는 65세~80세의 남성들이 더 건강한 심장을 가지고 있다는 사실이 밝혀졌다.

이 연구에서 18명의 건장한 노인들은 정기적으로 3000야드 파 36의 코스를 플레이하는 데 약 2시간에 걸쳐 평균 3.5킬로미터를 걸었다. 그들의 심장 박동률은 일정 기간 동안 적정 활동을 하면서 분당 최대 박동률의 50~60퍼센트 사이에서 유지되었으며 이러한 활동을 하는 동안, 체중이 65킬로그램의 골퍼는 560칼로리, 체중 82킬로그램의 골퍼는 약 740칼로리의 열량을 소비하는 것으로 추정했다.

동의보감을 보면 "약보보다는 식보가 낫고 식보보다는 행보가 낫다"는 말이 있고 "우유 먹는 사람보다 우유 배달하는 사람이 더 건강하다"는 말도 있다. 약을 먹는 것 보다는 좋은 음식이 낫고 좋은 음식보다는 좋은 운동인 걷기가 더 낫다는 뜻이다.

우리나라 골프장 사정상 어쩔 수 없는 경우를 제외하면 가능한 한 걸으면서 라운딩을 할 수 있는 골프장 환경을 만드는 것이야말로 의료 비용을 줄이면서 우리 국민 모두가 건강한 노년을 맞을 수 있는 사회보장 대책이라 할 것이다. 이를 위해서 국가가 적극적으로 나서야 할 때다.

"골프는 용사처럼 플레이하고 신사처럼
행동하는 게임이다."

- 데이비드 로버트 포건 -

부부 골프에 대한 나의 고백

여기까지 보잘 것 없는 글을 읽어주신 독자 여러분께 감사의 인사를 드린다. 젊어서는 '싱글 골퍼'가 부러워보이지만 나이가 들면 '싱글된 골퍼'가 불쌍해 보인다는 말이 있다. 나는 마흔이 되던 해에 골프를 배우기 시작했다. 이건희 회장께서 신경영을 선언하며 골프를 3대 스포츠로 권장하던 1994년 새해 첫날이었다. 신임 부장 시절이라 당연히 싱글을 치는 게 꿈이었고 열심히 노력한 덕분에 다행히 3년 만에 그 꿈을 이룰 수 있었다. 그 후 회사에서 경영 혁신 업무를 맡으면서 골프가 지닌 특성이 6시그마 혁신 전략과 똑같다는 것을 파악하고 싱글 골프가 되는 해법을 《6시그마 6핸디》라는 책으로 발간, 큰 인기를 누리는 행운을 얻었다.

나이가 들면서 점점 인생에서 부부의 행복이 중요함을 느끼고 있던 중 골프가 바로 그 해답을 줄 수 있는 운동임을 깨닫고 부부 골프 예찬을 주제로 책을 쓰기로 했다. 하지만 독자 분들 중에서 의문을 가진 분들이 있을 것 같다. 부부 골프 예찬을 주장하는 필자 자신의 부부 골프 이야기가 전혀 없기 때문이다. 사실 나는 부부 골퍼가 아니다. 아내의 특이한 피부 체질 때문에 골프를 함께 즐길 수 없는 것을 너무나 안타깝게 생각하고 있다. 이 책에서 명사들의 부부 골프 이야기를 많이 실은 이유는 많은 분들이 책 발간 취지에 공감하여 원고를 제공하겠다는 의사를 표명한 이유도 크지만 한편으로는 내가 부부 골프를 하지 못하는 이유 때문이기도 하다.

이런 해명에도 불구하고 부부 골프를 즐기시는 분들 중에서는 부부 골퍼도 아니면서 어떻게 이런 책을 쓰느냐고 항의를 하시면서 반품이나 환불을 원하시는 분이 있다면 기꺼이 책 값을 돌려드릴 의향을 가지고 있다. 다만, 다음과 같은 구비 서류를 준비해서 보내주시면 좋겠다.

1. 부부 혼인 서약서

2. 주례사 원본 (없을 시 부부가 기억을 되살려서 구술한 내용)

3. 성혼 선언문 원본

4. 부부 골프 인증 사진 (10매 이상)

5. 부부가 함께 라운딩한 스코어카드 (5매 이상 각기 다른 골프장)

이 자리를 빌려 바쁜 시간에도 불구하고 기꺼이 옥고를 보내주신 명사 여러분들에게 감사의 뜻을 전한다.

부부가 함께 스크린골프를 즐기기 위한 Tips!

1. 스크린 골프란?

스크린 골프는 골프를 실내에서 즐길 수 있도록 제작된 시스템으로 골프 시뮬레이터 (Golf simulator)라고도 하며 우리나라 업체들이 전 세계 시장의 90% 이상을 선점하고 있다. 스크린 골프는 다음과 같은 요소들로 구성되어 있다.

❶ **센서** : 고속 카메라 기능을 이용하여 클럽의 궤적과 플레이어가 친 공의 탄도, 방향, 거리, 속도, 회전 등을 판독하여 데이터화 시키는 시스템.

❷ **스크린** : 프로젝터에서 투사되는 영상을 보여주기 위한 하얀 광목천 스크린. 3D 효과를 통해 입체적인 지형감과 거리감을 느낄 수 있다.

❸ **프로젝터** : PC 콘솔 박스에서 받은 영상을 스크린으로 송출하는 장비.

❹ **컴퓨터** : 골프 시뮬레이터 프로그램을 실행시키기 위한 장비.

❺ **스윙플레이트** : 플레이어가 스윙하는 장소. 센서와 잔디 매트(페어웨이, 러프, 벙커용 구분), 그리고 페어웨이나 러프의 라이에 따라 자동으로 경사를 구현하는 시스템으로 구성.

❻ **자동 티업기** : 자동으로 공을 공급해주고 티의 높낮이를 조절할 수 있는 시스템.

❼ **키패드** : 원 터치로 볼 공급, 둘러보기, 그린 주변의 경사 등을 볼 수 있는 시스템.

❽ **퍼팅시뮬레이터** : 퍼팅 시 그린 언듈레이션(undulation)에 따라 그린 라이가 표현되는 퍼팅 장비.

❾ **모션카메라 또는 CC 카메라** : 스윙 시 플레이어가 친 스윙 모습을 반복하여 보여줄 수 있는 캠코더 또는 CC 카메라

2. 스크린 골프의 장점 및 단점

스크린 골프와 필드 골프의 기본적인 원리는 같다. 프리 샷 루틴에서 피니시까지 일련의 동작이 일정해야 하고 리듬과 박자도 잘 맞추어야 한다. 그밖에 퍼팅 요령, 그린 읽는 법, 장타를 치기 위한 요령, 올바른 그립 잡기, 페이드와 드로우 샷, 로브 샷, 러닝 어프로치, 벙커 샷 등 골프의 모든 요소들이 똑같이 들어 있다.

이와 같이 두 골프의 많은 유사함에도 불구하고 다른 점도 엄연히 존재한다. 우선 스크린 골프는 가까운 거리에서 시간에 구애 받지 않고 쉽게 접근 가능하다는 점에서 최고의 장점을 가지고 있다. 자신이 스윙한 모습을 화면을 통해 확인할 수 있고, 타격한 볼의 스피드, 입사각, 발사각, 볼의 회전 속도, 볼의 구질, 비거리 등 다양한 분석이 스크린 화면을 통해 바로 확인해 볼 수 있다는 것도 장점이다. 당연히 기록 관리를 통해 자신의 과거 기록과 샷의 변화를 분석하여 미래의 훈련 방향을 정할 수도 있다.

대표적인 스크린골프 업체인 골프존의 스크린골프 시스템 구성도

반면 스크린 골프 시스템의 판단이 기계적이라는 문제 때문에 여러 가지 제약도 존재한다. 스크린은 고속 카메라 센서를 장착하여 클럽의 궤적과 볼의 움직임을 측정하여 판단을 내려 준다. 티업 매트 상단에 위치한 카메라와 앞쪽의 콘솔 박스 쪽 벽면에 위치한 두 개의 카메라에서 측정된 정보를 종합해 정보를 내보낸다.

따라서 임팩트 순간의 클럽 각도, 스피드, 그리고 임팩트 후의 공 스피드와 회전, 컴퓨터에 입력된 골프장의 해당 홀의 주어진 각각의 조건들을 결합하여 내려주는 판단은 필드에서의 실제 타격 흐름과는 다르다.

3. 스크린 골프와 필드 골프의 상관 관계

스크린 골프와 필드 골프는 골프 운동에 필요한 기본 원리는 같지만 기계가 만들어 내는 시뮬레이션에서 게임을 한다는 것과 자연이 만들어 내는 상황을 극복하는 것은 기본적으로 다를 수밖에 없다. 스크린 골프는 입력된 데이터를 기반으로 그에 맞게 게임을 풀어 나가야 한다. 반면에 필드 골프는 자신의 시각과 촉감, 축적된 경험을 바탕으로 전략과 체감에 의지하여 게임을 진행해 나가야 한다.

스크린 골프에서는 필드에서처럼 해저드에 의한 원근감 변화, 풍향과 풍속이 만들어 내는 거리 변화, 잔디 결이 만들어 내는 저항, 러프의 장단에 따른 저항 정도, 디보트와 맨 땅에서의 샷의 어려움, 그린 위의 경도에 따른 속도 변화, 주변 경관을 이용하여 설계된 라이의 착시 현상 등의 예외 상황들은 존재하지 않는다.

그러나 골프 게임이 갖고 있는 기본 구조들을 모두 포함하고 있는 것이 스크린 골프다. 골프의 기초인 골프 클럽에 대한 사용을 익숙하게 하고, 기존 대부분의 골프장 각 홀마다 구조를 이해할 수 있게 해주며, 골프 홀의 구조와 명칭을 숙지하고, 스코어의 명칭 및 내용도 알게 만들어 준다. 골프 경기의 종류 및 명칭도 배울 수 있고, 그립의 효과

스크린골프는 가까운 거리에서 시간에 구애 받지 않고 쉽게 접근 가능하다는 장점을 가지고 있다

를 실감하게 되고, 스윙의 기본 원리와 드로우와 페이드 샷의 차이, 퍼팅의 어려움 등도 확실하게 인지시켜 준다.

특히 초보 골퍼에게는 큰 도움이 된다. 초보 골퍼일 경우는 스크린 골프를 통해 필드의 낯설음을 어느 정도까지 없앨 수 있을 것이다. 스크린 골프가 없는 시대에는 이러한 훈련을 파 3 골프장을 찾아서 해결해야 했었다. 각각 다른 방향에서 집결하여 파 3 골프장에서 운동하고 헤어져도 거의 하루를 소모해야 했었지만 스크린 골프 보급 이후로는 회사 근처에서 손쉽게 이러한 훈련을 대체할 수 있게 되었다. 확실한 과학적 입증은 안 되었지만 보기 플레이어까지는 스크린 골프가 필드 골프에 도움이 되는 것으로 알려지고 있다. 바쁜 일상 때문에 필드에 나가기가 어려울 경우 스크린 게임을 통하여 스윙의 흐름이나 리듬에 대한 기억을 유지시킬 수가 있고 주변 동료들과 우정을 나눌 수 있으니 일석삼조의 효과가 있다고 할 수 있다.

특히 부부 골퍼일 경우는 저녁 퇴근 후나 주말에 잠시 시간을 내어 인근 스크린 골프장에서 게임을 하면서 데이트하는 즐거움을 누릴 수 있다. 주변에 경쟁하는 부부가 있다면 다음 시합에 대비하여 연습하는 것이니 함께 연구하고 전략을 짜고 하다 보면 시간 가는 줄도 모르고 게임에 빠져들게 된다.

필드 골프는 비용과 시간이 많이 투입되는 운동이다. 그런데 스크린 골프의 등장으로 유사한 게임을 적은 비용과 시간으로 즐길 수 있게 되어 골프 인구가 많이 증가한 것으로 보고되고 있다.

4. 스크린 골프와 친해지기

❶ 기계에 대항하려고 하지 말라

스크린 골프는 세팅되어 있는 컴퓨터 프로그램과 센서의 카메라 정보를 종합하여 판단을 내리는 시스템이다. 기계적인 특성과 스크린이 제공하는 정보를 소홀히 하면 기계가 인식을 해주지 않아 평상시 거리감하고 완전히 다를 수 있어 기대 타수를 얻기가 어려워진다. 이 때문에 필드에서는 싱글 골퍼이지만 스크린에서는 90대 타수를 기록하는 사례를 흔히 목격할 수 있다. 기대보다 타수가 많아지면 화가 나고 마치 기계에 대항하듯이 더욱 자신의 스타일대로 타격하면서 낮은 스코어를 기대하는 현상을 왕왕 목격하게 된다.

특히 퍼팅에서는 라이와 그린 빠르기를 스크린이 주는 정보로 파악해야 되는데, 이에 익숙하지 못하면 퍼팅 수가 늘어나 당황하는 경우가 자주 있고, 이런 일을 몇 번 경험하다보면 스크린 골프를 싫어하게 될 수도 있다. 또한 스크린 골프장에 따라서 설비의 설치 연도나 사용 빈도 등에 따라 조금씩 타격감과 인식 정도가 달라질 수 있다는 것도 감안해야 한다.

기계는 기계일 뿐이다. 기계에 대항하여 자신의 기량을 과시하려고 하는 것은 부질없는 일이다. 즐거운 게임을 위해서는 30분 정도 일찍 도착해서 몸도 풀고 연습 스윙을 하면서 당일의 자신의 몸 컨디션도 체크하고 스크린 설비의 인식 정도를 미리 감지하는 것이 필요하다. 스크린이 주는 정보와 기계의 원리를 조금만 이해한다면 훨씬 더 스크린 골프를 재미있게 즐길 수 있을 것이다. 무조건 기계에 대항하려고 하기보다 부부가 함께 하는 게임이라면 게임을 재미있게 즐기는 것이 더 중요하다.

❷ 스크린 골프를 이해하기 위해 약간의 시간 투자를 하라

스크린 골프를 재미있게 즐기기 위해서는 고유의 특성을 파악하기 위한 약간의 시간 투자가 필요하다. 우선 스크린 골프의 전체적인 시스템을 이해해야 하고, 화면에 나와 있는 정보를 읽는 훈련이 필요하다. 또 키보드의 단축 키 사용방법을 숙지하고 스크린 골프의 미니 맵 보는 훈련을 해야 한다. 지형 및 날씨에 따른 기본거리 계산법을 알고 마지막으로 자신의 클럽 별 비거리, 적정한 티 높이 등을 인지해야 한다. 이 정도면 스크린 골프를 즐길 수 있는 기본이 준비된 것이라 할 수 있다.

❸ 티 샷에서 유의할 사항

어드레스 시 볼을 놓는 지점 바로 앞의 시뮬레이터와 직각이 되도록 유의해야 한다. 실제 골프와 가장 다른 점이 스크린 골프에서의 타깃에 대한 정렬(Alignment)이다. 스크린 골프에서는 시뮬레이터가 자동적으로 목표물에 정렬하여 주기 때문에 정면으로 치기만 하면 된다. 티 샷 시 코스의 200미터 지점에 거리표시기가 떠 있다. 이 표시는 시뮬레이터가 모든 골퍼의 비거리를 그 때 그때 감지할 수 없기 때문에 기본 값으로 비거리 200미터를 가정하여 스트레이트 구질로 비상했을 때 낙하 지점을 표시하며 게임

시작 전에 본인의 평균 비거리로 조정이 가능하다.

실제 필드에서는 바람이 불어오는 방향으로 풍속에 맞추어 어드레스를 조정해야 하지만 스크린에서는 키보드의 방향 키로 풍속과 풍향에 맞추어 조정해 주면 시뮬레이터가 목표 방향을 자동 조정하여 준다. 볼의 밀림 현상은 풍향과 풍속, 그리고 볼의 체공 시간을 감안하여 컴퓨터가 자동 계산하기 때문에 티 샷 시에 이를 감안해야 한다. 풍속은 초속 0~10미터 사이에서 표시된다. 보통 100미터 거리 초속 3미터의 풍속에 방향 키 한 칸으로 감안하여 바람의 영향을 방향 키로 상쇄하면 된다.

예를 들어 좌에서 우로 초속 3미터로 바람이 불고 있다고 스크린 상단에 정보가 뜨면 방향 키를 좌측으로 한 칸 이동시켜주고 정면으로 샷을 하면 된다. 한편 앞에서 뒤로 바람이 불어오는 것으로 정보 창이 뜰 경우는 풍속이 초속 2미터 이하이면 무시. 초속 5미터 기준으로 한 클럽 더 크게 선택하고, 초속 3미터이면 반 클럽 더 감안하여 선택하면 된다. 뒤에서 앞으로 부는 바람일 경우는 반대로 더 작은 클럽을 선택하면 된다.

5. 스크린 골프 즐기는 요령

❶ 장타를 날리는 방법

스크린의 센서는 볼의 스피드와 헤드 스피드를 감지하여 비거리를 추산한다. 스크린 골프에서의 장타의 핵심은 펀치 샷이다. 볼의 스피드가 같아도 헤드 스피드를 높이면 센서가 감지하는 비거리를 높일 수 있다. 장타를 치려면 쓰리쿼터 스윙을 기반으로 임팩트에 중점을 둔 펀치 샷을 구사하면 비거리가 좋아지게 된다. 즉 임팩트 시 최고의 스피드가 나도록 샷을 구사해야 한다. 여기에다 내리막, 뒷 바람에 풍속이 3미터 이상이면 300미터 초 장타도 나올 수 있다고 한다.

바닥 앞 센서를 이해하자. 드라이버 샷을 할 때 헤드가 바닥 앞 센서 통과 시까지 페이스를 타깃 방향으로 던져지도록 유지하고 스피드도 유지해야 한다. 바닥 앞 센서를 중심으로 공과 헤드의 속도와 방향을 같이 감지하여 슬라이스나 훅을 판독하고 거리도 판정한다. 볼의 스피드가 좀 느려도 헤드 스피드가 빠르면 볼 스피드에 플러스되어 거리를 구현시키도록 프로그래밍 되어 있다. 헤드가 앞 센서를 지날 때 낮고 빠르게 지나가야 장타가 가능하다. 볼이 스트레이트로 센서를 지나가도 헤드가 열리거나 닫히면 슬라이스나 훅으로 구질을 판정하게 되는 것이다. 일반적으로 겉으로 보기에는 스윙 소리도 좋고 자세도 좋은 데 거리 인식이 안 되는 경우 대부분은 최고 스피드가 임팩트 이전에 이루어지거나, 임팩트 후에 이루어지기 때문이다. 이를 보완하기 위하여 권장하는 연습 방법이 클럽의 헤드 부분을 손으로 잡고 부드러운 빈 스윙을 평상시에 자주 해 보는 것이다. 이런 연습 중에 스윙이 바람을 가르는 소리가 어디에서 나는 지를 잘 관찰 해보면 임팩트 지점이 아닌 다른 곳에서 나는 것을 교정해 나갈 수 있다.

❷ 슬라이스와 훅의 관리법

임팩트 순간에 클럽이 열려 맞거나 닫혀 맞는 지를 센서가 감지하여 슬라이스와 훅으로 계산하여 화면에 볼의 궤적을 시현시킨다. 필드에서는 오조준을 하거나 스탠스를 바꾸는 방법으로 대응해야 하지만 스크린에서는 방향 키 조작을 통해 비교적 쉽게 대응이 가능하다. 슬라이스 구질이 계속하여 나오면 방향 키를 이용하여 왼쪽으로 적절하게 이동시키고, 반대로 훅 구질일 경우 오른쪽으로 적절하게 이동시키면 된다. 방향 키를 몇 번 누를 것인지는 연습을 통해 자신의 구질에 맞게 페어웨이 중앙으로 볼이 떨어지는 횟수를 파악하면 된다. 물론 풍속과 풍향도 함께 고려하여 결정해야 한다.

티 샷이 잘 감지되어 원하는 거리와 방향으로 구현되었다 하더라도 파 4홀 기준으로 2번째 샷과 3번째 샷에서 실수를 하지 않아야 좋은 스코어가 만들어진다.

키보드의 방향키로 풍속과 풍향에 맞추어 조정하여 주면 시뮬레이터가 목표 방향을 자동 조정하여 준다

2번째 샷은 티 샷과 마찬가지로 편하게 스트레이트로 구질로 최대한 그린에 가깝거나 온 그린 되도록 볼을 보내면 된다. 이때 우선적으로 고려해야 하는 것이 풍속과 풍향이다. 필드에서는 주변 나무의 흔들림이나 잔디를 뜯어 공중에 던져서 바람의 흐름과 세기를 감지해야 하지만 스크린에서는 화면 우측에 나타나는 수치를 읽어내어 그에 맞게 대응하면 된다.

❸ 발끝 오르막, 내리막 경사 대처법

우리나라 골프장 가운데 80%가 산악 지형이다. 선정한 골프장의 경사면에 따라 발아래 플레이트가 전후좌우로 움직이면서 필드를 재현해 준다. 필드에서는 언듈레이션(undulation)에 대응하기가 쉽지 않지만 스크린에서는 발끝 오르막 경사와 내리막 경사 두 가지 경우만 잘 배워두면 된다.

발끝 오르막 지형 : 발보다 볼이 더 높게 위치할 경우. 정확한 임팩트를 위해 우선 클럽의 그립을 10센티미터 정도 짧게 잡는 것이 좋다. 당연히 풀 스윙보다 펀치 샷 스윙이 더 정확하다. 체중 이동의 불완전함을 해소할 수 있기 때문이다. 마지막으로 목표물의 우측을 겨냥하여 방향 키를 적절하게 조절해야 한다. 지형 때문에 임팩트 시 클럽의 헤드 면이 닫혀서 볼에 터치되는 것을 보완해주기 위함이다. 스크린에서는 이 원칙을 프로그램화 해 놓았기 때문에 유의해야 한다.

발끝 내리막 지형 : 발보다 볼이 더 낮게 위치할 경우. 정확한 임팩트를 위해 그립을 10센티미터 정도 길게 잡아 주는 것이 좋다. 동시에 임팩트 시 하체의 흔들림을 방지하고 자세를 견고하게 잡아 주기 위해 무릎을 구부려 기마 자세처럼 취하면 더 좋다. 체중 이동의 불완전함을 해소하기 위해 풀스윙보다 펀치 샷 스윙이 더 안전하다. 지형 특성 때문에 임팩트 시 클럽의 헤드 면이 열려서 볼에 터치되는 것을 보완해 주어야 하기 때문에 목표물의 좌측을 겨냥하여 방향 키를 적절하게 조절해 주어야 한다. 스크린 골프 프로그램이 발끝 내리막 지형은 슬라이스가 나도록 입력되어 있기 때문이다.

❹ 어프로치 샷의 3원칙

파 4홀 기준 3번째 샷은 대부분 그린 근처에서 홀에 가까이 접근 시키는 어프로치 샷이 될 것이다. 여기서는 거리보다 정교함이 더 중요하게 된다. 스크린 골프에서 필드하고 가장 다른 점이 어프로치 샷이다. 스크린 시뮬레이터의 작동원리를 숙지하고 그에 맞게 적절하게 샷을 해야만 좋은 결과를 기대할 수 있다.

제 1원칙 : 가능하면 칩 앤 런(chip & run)샷을 구사할 것. 스크린의 센서는 60도 이상의 높은 각을 제대로 인식할 수 없는 한계를 가지고 있다. 로브 샷은 인식 오류가 날 수도 있다는 것을 명심하자. 센서가 낮은 땅볼 샷으로 인식할 수 있다. 그래서 어프로치 시는 칩 앤 런(chip & run) 형태가 좋다. 오류가 나는 원리는 이렇다. 60도 이상 볼을 띄워 치면 클럽이 볼보다 빨리 앞쪽으로 지나가게 되어 센서가 클럽을 볼로 인식하여 빠르게 굴러가는 땅볼로 인식하게 된다고 한다. 특히 높은 탄도의 어프로치는 옆 센서에서 볼의 탄도와 스피드를 읽어 거리를 구현하는데, 클럽 헤드가 볼의 스피드보다 빠른 경우 앞 센서에서 볼의 런으로 보정시켜 버리기 때문에 부드럽게 샷을 하여 클럽 헤드가 앞 센서를 통과할 때의 스피드를 적절하게 줄여 주는 것이 좋다.

제 2원칙 : 단축키 F2(그린 주변 둘러보기)와 F6(지형 보기)을 사용할 것. 필드에서는 직접 눈으로 그린의 지형과 굴곡을 확인할 수 있고 필요 시에는 직접 걸어서 거리를 재면서 샷의 종류와 강약을 정할 수 있다. 스크린에서 이것을 대신할 수 있는 것이 이 두 개의 단축 키이다. 이 키를 통하여 지형지물과 경사도를 파악하고 어프로치 방향과 강약을 결정하면 스코어를 줄일 수 있다.

제 3원칙 : 그린의 굴곡 상태가 미니 맵 속의 색상으로 표시되어 있음으로 정면 오르막 퍼팅이 남도록 위치를 정하여 전략적 어프로치 샷을 하면 퍼팅 수를 현저히 줄일 수 있다.

❺ 퍼팅하는 법

필드에서의 퍼팅은 잔디의 결, 그린의 경도, 착시현상에 의한 변화, 풍속, 습도 등 많은 변수가 고려돼야 하지만 스크린 골프에서의 퍼팅은 두 가지 기본 원리를 숙지하면 잘

할 수 있으므로 필드에 비해서 쉽다. 3차원 공간의 필드를 2차원 스크린에 재현하기 위해서 빨강, 파랑, 노랑, 연두 4가지 색상을 사용하고 있다. 높낮이에 따라 높이가 50센티미터 정도이면 짙은 붉은 색, 점점 연한 붉은 색으로 표시되고 25센티미터 정도면 주황색, 평지는 녹색, 내리막이 50센티미터 정도면 짙은 푸른 색, 점점 연해지다 10센티미터 정도면 하늘색으로 표시되고 있다.

그 다음은 그린의 경사도. 스크린 화면에 막대 바가 흐르는 방향과 속도를 가지고 경사도를 재현시키고 있다. 비가 내리는 상황이 설정되어 있으면 거리를 20%로 더 보고 퍼팅을 설계한다. 따라서 스크린에서의 퍼팅은 색상을 통한 높낮이와 막대 바 흐름의 방향과 속도를 가지고 적절한 판단을 하여 퍼팅에 임하면 좋은 결과를 기대할 수 있다. 나머지는 필드에서와 모두 유사하다. 오르막 경사에서는 슬라이스나 훅 라이가 덜 영향을 끼치고 내리막 경사에서는 더 영향을 끼친다는 점은 필드와 같다.

필드에서는 직진 관성이 약해지고 중력의 영향을 받는 브레이크를 읽고 속도와 방향을 정해서 퍼팅을 한다. 스크린 골프에서 미니 맵의 컬러로 언듀레이션을 읽어 브레이크를 정하고 퍼팅을 하는 경우를 경지에 오른 고수라고 한다. 하지만 그 고수 또한 특별한 경우가 아니면 라이 흐름의 속도와 거리를 계산해서 좌우 각을 결정한다.

퍼팅 그린은 홀마다 다양한 모양과 언듀레이션을 가지고 있다. 핀 포지션 또한 다양하게 세팅이 되니 아이언 실력이 좋다면 '레귤러 온'으로, 아니면 어프로치로 핀까지의 거리뿐 아니라 쉬운 자리로 공을 올려두자. 그린의 컬러는 높낮이를 나타낸다. 빨간색이면 높고 파란색이면 낮다. 퍼팅 전에 내리막 라이인지 오르막 라이인지 반드시 확인하자.

높낮이는 0.1미터를 1미터로 환산하자. 예로 거리 7미터, 높이 0.18미터라면 평지 기준 8.8미터의 거리감으로 퍼팅을 하고 높이가 −0.3미터라면 표시된 거리에서 3미터를 빼면 된다.

3퍼팅의 예방은 부지런함이다. 게으름과 3퍼팅은 친구라는 말이 있듯 홀 뒤의 높낮이를 알고 최종의 목표 거리를 만들자. 프로들의 대회인 지투어가 아니라면 컨시드는 항상 있다. 컨시드의 거리는 최소가 1미터이니 홀 뒤쪽이 오르막이라면 1미터 길게, 내리막이라면 0.5미터 짧게 치면 3퍼팅을 방지할 수 있다.

스크린 골프의 퍼팅 그린에는 1미터 간격의 그리드가 있고 그 위에 라이의 흐름이 있다. 흐름의 속도를 빠름-중간-느림의 3단계로 읽어보자. 개인적 편차는 있겠지만 필자 역시 3단계로만 읽고 세밀한 것은 감각으로 가감을 한다. 홀까지의 거리가 3미터인데 중간 속도의 흐름이라면 매트 끝선의 센터에서 3센티미터로 각을 정하며 빠름과 느림에 따라 끝 선의 위치를 조절한다. 물론 평지일 경우이며 오르막 경우는 각을 줄이고, 내리막일 경우는 각을 늘려준다.

❻ 러프와 벙커 탈출법

스크린과 필드의 아주 다른 점이 러프와 벙커. 필드에서처럼 러프에서 클럽이 풀에 감기거나 벙커에서 볼 뒤의 모래를 퍼 올리는 상황을 재현할 수가 없어서 그냥 플레이트 위에서 샷을 하되 손실률을 부여하고 있다. 그린 주변 벙커는 손실률 40%, 페어웨이 벙커는 손실율 10%, 러프는 손실률 10%. 각 상황의 손실률은 화면상에 표시되니 정확하게 읽어내어 대응하면 된다. 다만 그린 주변 벙커에서는 샌드웨지 클럽을 사용하여 시스템이 입사각을 인지할 수 있도록 할 것. 그렇지 않으면 엉뚱한 감지 결과를 만들어낼 수 있다.

6. 유용한 단축키(골프존 기준)

D : 1벌타 드롭 기능키. 1 벌타를 받고 드롭 후 다음 샷을 진행 가능하게 하는 키. 치기

어려운 지역에서 재차 OB를 낼 가능성이 높을 경우 사용.

K : OK주기 기능 키. 동반자의 공이 홀에 들어가지 않아도 홀 아웃 인정 가능.

P : 플레이어 순서 넘기는 기능 키. 동반자가 먼저 샷을 할 수 있도록 플레이 순서를 바꿀 수 있음.

F2 : 둘러보기 기능 키. 현재 위치에서 홀까지 움직이면서 지형을 보여줌. 낯선 골프장의 경우 이 기능을 활용하여 좌우측 경사지의 상태와 위험 요소 등을 식별해 안전한 지역을 인지함.

F12 : 멀리건 사용 기능 키. 샷이 잘못되었을 경우 바로 전 친 샷을 취소할 수 있음.